CARTE
VON
HELGELAND

Kurt Friedrichs

Umkämpftes Helgoland

Kurt Friedrichs

Umkämpftes Helgoland

Der Leidensweg eines Inselvolkes

Verlag und Buchhandlung Maren Knauß

Aus alten Familienchroniken, bitteren Einzelschicksalen und der nicht abzusehenden Literatur in mehreren Sprachen, die für und wider die Insel veröffentlicht wurde, ist diese Schrift in den Jahren 1948-1952 zusammengetragen worden. Den Toten zum Gedenken, den Lebenden zur Aufklärung und den Kommenden zur Mahnung!   Kurt Friedrichs

Dritte Auflage – 1995
© Verlag und Buchhandlung Maren Knauß – 1988 – Helgoland
Vor- und Nachsatz: »Carte von Helgoland«, Randahl, Kiel 1743
Gesamtherstellung: NIEDERELBE-DRUCK, Otterndorf
Buchbinderei: Großbuchbinderei Bernhard Gehring, Bielefeld
Buch- und Umschlaggestaltung: Peter Schulze, Otterndorf
ISBN 3-926151-10-2

Helgoland – auf der Suche nach der eigenen Geschichte

Über Helgoland ist schon viel geschrieben worden. Immer wieder waren die Besucher der Insel vom roten Fels fasziniert, so daß sie sich eingehenden Studien widmeten und diese, zum Teil angereichert mit eigenen Erlebnissen, zu Papier brachten. Insbesondere die zahlreichen Reisebeschreibungen aus der zweiten Hälfte des 19.Jahrhunderts haben die Insel manchem bekanntgemacht, der selbst niemals Helgoländer Boden betreten konnte.

Ein seltener, aber um so bemerkenswerterer Fall ist es hingegen, wenn der Helgoländer selbst zu Worte kommt. 1844 erschienen in Oldenburg die Erinnerungen des Helgoländers Hans Frank Heikens, herausgegeben von Adolf Stahr. Noch heute sind Heikens' Ausführungen eine hervorragende Quelle in historischer und volkskundlicher Hinsicht. Was den Leser am meisten beeindruckt, ist die Perspektive des Erzählenden. Kompromißlos wird der Standpunkt der Helgoländer vertreten, ob es um die Versorgung zur Winterszeit geht oder um staatsrechtliche Fragen zur Zeit der Kontinentalsperre.

Kurt Friedrichs knüpft mit der vorliegenden Schrift an die Traditionen Hans Frank Heikens' an. Wieder ist es ein Helgoländer, der zur Feder greift. Unter dem Eindruck der jüngsten Vergangenheit verfaßt Friedrichs in den Jahren der englischen Besetzung Helgolands einen ausführlichen und dennoch kompakten Abriß der politischen und wirtschaftlich-sozialen Geschichte der Insel. Zu verstehen ist die Abhandlung nur aus der Zeit ihrer Entstehung. Im Rahmen der Vorbereitungen zur Herausgabe dieses Buches schreibt Kurt Friedrichs: »Als ich das Manuskript wieder zur Hand nahm, stellte ich fest, daß ich das heute nicht mehr schreiben könnte — auch niemand anderes. Es war nur möglich aus der Spontanität der Leidenserfahrung, denn ich war damals hautnah daran. Als Vorsitzender des Fischereivereins hörte ich von den Hummerfischern wie auch von den Engländern täglich neue Hiobsbotschaften. Der heutige Leser muß begreifen, daß wir in den Jahren 1945—1947 verhaßte Gegner und Kriegsverbrecher waren, heute jedoch NATO-Verbündete, was die Perspektiven völlig verschoben hat. Damals war die Welt voller Haß, und ich habe vieles ausgelassen, was zwar als Tatsache existent war, aber nur weiteren Haß erzeugt hätte.«

Friedrichs liefert ganz bewußt keine umfassende Helgoland-Studie. Er beschränkt sich auf den historischen Werdegang und auf die Entwicklung bis 1952. Der Schwerpunkt der Darstellung liegt zweifellos im 20.Jahrhundert. Das mag den Leser um so mehr erfreuen, denn im Gegensatz zu der Unmenge von Helgolanddarstellungen aus dem 19.Jahrhundert fehlt es an historischen Skizzen aus der jüngeren Vergangenheit.

Die Bezeichnung »historische Skizze« ist sicherlich am geeignetsten für die vorliegende Abhandlung. Friedrichs konnte noch auf Quellen zurückgreifen, die heute zum großen Teil nicht mehr vorliegen. Die wertvollen historischen Unterlagen von August Kuchlenz sind während der Nazi-Zeit vernichtet worden. Die Archivalien der Gemeinde fielen zum großen Teil den Bombenangriffen zum Opfer. Für den Historiker tut sich damit eine beklagenswerte Lücke in der archivalischen Überlieferung auf. Präzise Aussagen zu zahlreichen historischen Geschehnissen auf der Insel sind nicht mehr möglich. Dies bedeutet jedoch keineswegs, daß die quellenkritische Forschung über Helgoland nicht lohne. Ganz im Gegenteil. Zahlreiche Dokumente lagern unbesehen in den verschiedensten deutschen, dänischen und englischen Archiven. Selbst in französischen, niederländischen und amerikanischen Institutionen ist mit entsprechenden Helgoland-Quellen zu rechnen. Bezeichnend bleibt, daß diese Quellen nie ausgewertet wurden. Dirk Meyer hat zwar jüngst über 600 Helgoland-Werke aufgespürt, doch dabei handelt es sich nur zum geringsten Teil um wissenschaftliche historische Literatur. Der interessierte Leser sei auf die Literaturauswahl am Ende des Buches verwiesen.

In dieser Hinsicht bietet Friedrichs Neues. Auch wenn seine Quellen nicht mehr überprüfbar sind und wir es deshalb mit keiner wissenschaftlichen Darstellung zu tun haben — das beabsichtigt Friedrichs auch gar nicht —, so finden wir zahlreiche bedeutsame Hinweise auf die jüngste Helgoland-Geschichte. Einige Aussagen sind aus heutiger Sicht korrekturbedürftig. Die historische Wissenschaft hat diese Aussagen zweifelsohne zu überprüfen. Solange dies jedoch auf Grund der Quellenlage nicht mehr möglich ist, müssen wir uns mit den Methoden der »oral-history«, der »erzählten (Erlebnis-) Geschichte«, an die Erinnerungen der Zeitgenossen herantasten.

Die Erzählperspektive des Autors ist eindeutig. Friedrichs hat einen Standpunkt. Er weiß, wovon er schreibt, stammt er doch aus typischen Helgoland-Verhältnissen. Friedrichs klärt den Leser auf: »Was er von mir wissen müßte, ist, daß ich aus einer alten Helgoländer Familie stamme, mein Großvater Martin mit Schensky befreundet war und der von ihm am meisten fotografierte Helgoländer war. Daß mein Vater noch englisch geboren war und ich bei Lehrer Panse in die Mittelschule ging. Nach der Schule habe ich mit meinem Vater Hummer gefischt und Inselrundfahrten gemacht. Wir besaßen ein Motor- und ein Segelboot, und bei Kriegsausbruch ging ich zu Rickmer Bock auf das Rettungsboot im Seenotdienst bis zu meiner Einberufung August 1940... Bei Kriegsende war ich in Hamburg, lernte in der Firma meines Schwiegervaters Getreidekaufmann, habe dann 30 Jahre lang eine eigene Getreidefirma gehabt, für die ich weltweit umhergereist bin. Zur selben Zeit war ich bis zur Freigabe der Insel Vorsitzender des Fischereivereins, und meine Frau und ich haben für August Kuchlenz und Franz Siemens die ganze Korrespondenz mit In- und Ausland geführt, wobei ich Spesen, Porto, Telefon und Telex übernommen habe, denn ich war damals der einzige mit festem Einkommen und verfügte über ein Auto. Im Auftrag der Militärregierung durfte ich schon im Mai 1950 nach England reisen, habe dort Kontakte aufgenommen und im Oktober desselben Jahres Kanada und USA besucht, wo ich im November August Kuchlenz bei seinem Bruder Erwin in San Francisco besuchte...«

Noch auf Helgoland hatte Friedrichs sich mit Buddhismus befaßt. Nach dem Krieg intensivierte er seine Studien in den Bereichen Hinduismus, Sufismus und Taoismus. Seit vielen Jahren ist Friedrichs als Übersetzer für indische Philosophie bei verschiedenen renommierten Verlagen tätig. Zahlreiche seiner Beiträge wurden in indischen und amerikanischen Zeitschriften veröffentlicht. Zugleich ist Friedrichs Herausgeber einer angesehenen deutschen Fachzeitschrift.

Der Herausgeber dankt dem Verfasser für seine Offenheit in der Diskussion während der Vorbereitung der Drucklegung. Dank gebührt auch Paul-Heinz Sahling, Helgoland, Dr. Ulrich Schulte-Wülwer, Flensburg, und Dr. Klaus Lengsfeld vom Nissenhaus, Husum, die wertvolle Fotografien und Reproduktionen aus ihren Sammlungen zur Verfügung gestellt haben.

Letztlich geht ein Dank an den Verlag, insbesondere an Maren und Walter Knauß, für die vertrauensvolle Zusammenarbeit.

Alle diejenigen, die an einer Darstellung der Geschichte Helgolands interessiert sind, können nur mit Interesse verfolgen, wenn ein Helgoländer seine Erinnerungen zu Papier bringt. Denn jeder Hinweis und jede Skizze ist ein Steinchen in dem Mosaik, das uns die ungeschriebene Geschichte Helgolands erst erschließen wird.

Helgoland, im Sommer 1988   Rainer Gerckens

Inhalt

Insel und Mensch

Die Insel Helgoland liegt in der Deutschen Bucht auf der Höhe von Norderdithmarschen 54° 12' nördl. Breite. Ihre Entfernung von der nächsten Küste beträgt rund 50 km, so daß von ihr aus kein Festland in Sicht ist. Doch liegt sie derart zentral, daß auch die Entfernungen zu den Küsten der Elbe- und Wesermündung nicht viel größer sind. Die Fläche der eigentlichen Insel beträgt 50 ha, wovon ca. 10 ha auf das Unterland entfallen, das der Felseninsel gegen Osten vorgelagert ist. Der Rest entfällt auf das steil aus dem Meer ragende, bis zu 60 m ansteigende Oberland, das von jeher nur durch eine Treppe zugänglich war. Während das Unterland fast auf seiner ganzen Fläche bebaut ist, weist das sich um 20 m von Westen nach Osten neigende Oberland nur an seiner Ostseite eine kleine Ortschaft auf, die kaum den fünften Teil des Felsplateaus einnimmt, jedoch von der ansteigenden Westküste gegen Stürme bestens geschützt wird. Im dichtbebauten Unterland enge Gassen zwischen alten Fachwerkhäusern und geteerten Fischerschuppen; im Oberland fast vor jedem Häuschen ein kleiner Garten, in dem ob des milden Klimas noch im Dezember die Rosen blühen. Mehrere Gärten weisen Feigenbäume auf, und der Maulbeerbaum des Pastorats wird auf über 200 Jahre geschätzt. Der nicht besiedelte Teil des Oberlandes ist in kleine Grundstücke aufgeteilt, die meist den Helgoländern oder der Kirche gehören. Es handelt sich dabei um Weideland für Schafe oder Ackerboden für Kartoffeln und Kohl. Früher gab es auch Kühe, selbst Hülsenfrüchte und Getreide wurden angebaut. Trotzdem hat der Ertrag des Anbaus und der Viehhaltung die Bevölkerung, selbst in Zeiten kleinster Kopfzahl, nicht ernähren können. Die Grundlage des Erwerbs und der Ernährung bildete zu allen Zeiten das die Insel umgebende Meer. Einst brachten Fischfang, Lotsengeld und Schiffsbergungen Überschüsse, heute kommt der Verdienst von dem Strom der sommerlichen Badegäste. Diese Einkünfte gaben zwar der Bevölkerung nie mehr als einen bescheidenen Lebensunterhalt, waren aber Gewähr für ein unabhängiges, freies Leben, das der Helgoländer in seiner unerschütterlichen Heimatliebe über alles schätzt. Dieses Fleckchen Inselerde ist für ein kleines Friesenvölkchen, das seit über einem Jahrhundert um 2000 Köpfe zählt, der Inbegriff von Lebensraum, Heimat und Vaterland.

Die isolierte und abgeschlossene Lage Helgolands, die weder ein Gefühl von Nachbarschaft noch räumlicher Verbundenheit aufkommen ließ, brachte es mit sich, daß die Einwohner zu einem ganz auf sich gestellten Gemeinwesen zusammenwuchsen, dessen Führung sich aus Männern zusammensetzte, die als Schiffer oder Fischer aus der Gesamtheit hervorgingen, und, wenn auch bildungsmäßig nur auf einer Elementarschule fußend, doch durch aufrichtigen Charakter, Auslandserfahrung, Naturverbundenheit und eine unbändige Heimatliebe von einer Überzeugungs- und Widerstandskraft waren, die selbst den Regierungen von Großmächten zu trotzen wagte. So ging die Helgoländer Körperschaft in ihren Beziehungen zu dem jeweiligen Staatsverband und mehr noch in ihrer eigenen Organisation besondere Wege. Es steht außer Zweifel, daß dieses seltsame Konglomerat von landschaftlicher Größe und volksmäßigem Zusammenhalt für die Bildung des Charakters, der Weltanschauung und der Lebensgestaltung von außerordentlicher Bedeutung war. Ein Beweis ergibt sich aus der Tatsache, daß alle Zugewanderten nach spätestens zwei Generationen typische Helgoländer geworden waren und sich in nichts mehr von den Alteingesessenen unterschieden. Kein Wunder, daß Helgoland als geographisches und politisches Gebilde seit Jahrhunderten das Interesse und die Phantasie der Festländer beschäftigt. Die Literatur befaßte sich viel mit der Charakterzeichnung der Helgoländer, und es ergab sich ein ewiges Extrem der Schilderung. Ein ungefähres Bild, was die Helgoländer waren und was sie heute sind, geben die objektiven Dokumente der Gerichtsprotokolle, und hier stößt man neben typischen nordfriesischen Stammeseigenschaften auf sonder-

Helgoland – der rote Fels in seiner ganzen Breite von Osten gesehen. Das Blatt, welches 1811 gedruckt wurde, hat der Künstler John Dalten dem Gouverneur Sir William Osborn Hamilton gewidmet, der von 1808 bis 1815 die britische Regierung auf Helgoland vertrat.

bare Merkmale einer eigenartigen Umweltsprägung. Jegliche Interpretation war gestaltet nach dem Gesetz, daß ein jeder nur das in die Dinge hineinlegen kann, was er in sich trägt. Um mit Goethe zu sprechen: »Du gleichst dem Geist, den du begreifst.« So schrieb ein Pastor über seine Tätigkeit auf der Insel: »Es waren Jahre harten Ringens mit dem Hochmut, dem Starrsinn und der Arroganz dieser Helgoländer. Seelsorgerisch an diese Leute heranzukommen, ist unmöglich. Sie glauben nur an den Gott, von dem sie sagen, daß er ein Helgoländer gewesen sei.« Ein anderer Geistlicher dagegen schrieb: »Man muß sich mit lebendiger Kraft in die Geschichte des Werdeganges der Insel versenken, man muß seine Gedanken weit zurückgehen lassen in die Entwicklung aller jener den Festländern oft sonderbar anmutenden Sitten, Satzungen und Gebräuche. Wer so den geschichtlichen Helgoländer mit warmem Herzen erfaßt, wird ihn auch in seinem Inselleben begreifen können.«

Von der geschicht- lichen Entwicklung

Auf Helgoland wird bis heute unter der eingesessenen Bevölkerung nur friesisch gesprochen, ein Friesisch ältester Prägung, das im Laufe der Jahrhunderte dänische, holländische und englische Brocken aufgenommen hatte. Zu Anfang des 11. Jahrhunderts war Helgoland unter die Oberhoheit der dänischen Könige geraten. Es scheint aber, als habe sich Dänemark kaum um die kleine, wenig steuerkräftige Insel gekümmert, denn die Hanse hatte sich dort zur Bekämpfung der Seeräuberei häufiger niedergelassen. Erst am Ende des 15. Jahrhunderts traten Änderungen ein, die Helgoland geschichtliche Bedeutung verliehen. 1490 fiel die Insel dem Herzog von Schleswig-Gottorp zu, der alsbald offen als Herr der Insel auftrat und vom dänischen König dabei nicht gestört wurde. Gerade in diesen Jahren trat ein Umstand ein, der die wirtschaftlichen Verhältnisse auf Jahrzehnte sicherstellte. Die Heringe, die bislang die schwedische Küste von Schonen aufgesucht hatten, traten plötzlich in ungeheuren Schwärmen in der Nordsee, insbesondere bei Helgoland, auf. Durch die großen Fänge herrschte allgemeiner Wohlstand auf der Insel, und aus den Helgoländer Landesrechnungen geht hervor, daß in den Jahren 1500 bis 1530 durchschnittlich 240 Fahrzeuge mit 1800 Fischern ihren Erwerb dort fanden. In der Chronik heißt es wörtlich: »1530 war bei Heiligland ein solcher Heringsfang, daß 2000 Menschen davon ihre Nahrung haben konnten.« Doch schon um die Mitte des Jahrhunderts wurden die Heringe den Helgoländer Gründen untreu, und mit ihnen war der Wohlstand bald dahin. Das Haus Schleswig-Gottorp blieb fast 200 Jahre im Besitz der Insel, und erst im Jahre 1684 bemächtigte sich der dänische König des gottorpischen Anteils am Herzogtum Schleswig und somit auch Helgolands. Doch war die politische Gesamtlage für den König damals nicht günstig, und bereits

fünf Jahre später, im Jahre 1689, mußte er durch den Altonaer Vergleich die Gebiete samt der Insel wieder herausgeben. 25 Jahre später, als die Gottorper Regierung 1714 Tönning einnahm und somit einer unaufrichtigen Politik überführt werden konnte, nahm der König von Dänemark die Gelegenheit wahr, sich des gottorpischen Anteils mitsamt der Insel Helgoland wieder zu bemächtigen und diese Neuerwerbungen im Jahre 1721 förmlich mit dem königlichen Anteil am Herzogtum Schleswig zu verbinden. Von da ab unterstand Helgoland weitere 100 Jahre der Herrschaft des dänischen Königs in seiner Eigenschaft als Herzog von Schleswig, bis 1807 die Engländer die Insel gewaltsam besetzten. Für die Helgoländer war dieser politisch bedeutsame Vorgang kaum mehr als ein Personenwechsel, da irgendeine Verbundenheit mit dem jeweiligen Landesherrn ihrer Vorstellung von Unabhängigkeit völlig widersprach. Leider hatten sich die Insulaner im Laufe ihres wechselvollen Schicksals wohl oder übel der landesherrlichen Macht fügen müssen und hatten 1628, als sie die Landung einer Besatzungstruppe zu verhindern suchten, nach Brechung ihres Widerstandes harte Gegenmaßnahmen auf sich zu nehmen, die unter anderem in der Abgabe der Jagdflinten bestand, die der Insel dann jahrelang vorenthalten wurden. Sonst aber gab es wenig Anlaß zur Unzufriedenheit, zumal die Klagen, die mit gewisser Regelmäßigkeit gegen die Landvögte erhoben wurden, stets zur gerechten Untersuchung gelangten und alle Unzuträglichkeiten dabei abgestellt wurden. Den äußeren Ausdruck des Untertanenverhältnisses fand man im Erbhuldigungseid jedem neuen Landesherrn gegenüber, wobei ein Geschenk von 100 Reichstalern in einem seidendurchnähten Beutel überreicht wurde, gegen den man eine Bestätigung der Privilegien eintauschte. Wenn die Insel in eine neue Staatsgewalt überging, wurde stets das größte Gewicht auf eine Bestätigung der Privilegien, Gewohnheiten und Freiheiten gelegt. So wurde in die Kapitulationsakte von 1684 und 1714 ein entsprechender Satz aufgenommen, und nicht anders war es bei der Einnahme durch die Engländer 1807 und bei der Übernahme durch das Deutsche Reich 1890. Jeder Helgoländer hat bis auf den heutigen Tag eine althergebrachte, feststehende Vorstellung von den Privilegien, Gerechtigkeiten und Freiheiten, die ihm von alters her zustehen. Als wichtigste Punkte wären aufzuführen: Befreiung vom Militärdienst, das Recht, ihren Prediger zu wählen, Freiheit von Zoll- und Hafengeld sowie alles, was in Landesbeliebungen und Strandordnung verzeichnet ist. Landesbeliebung und Strandordnung betrachteten die Helgoländer während der 200 Jahre, in denen sie den Herzögen von Schleswig unterstanden, als Inbegriff von Privilegien, Gerechtigkeiten und Freiheiten. Sie legten größtes Gewicht darauf, sie beim Wechsel des Landesherrn erneut bestätigt zu sehen. Die einprägsame Beliebung wurde von Geschlecht zu Geschlecht überliefert. Was ihr Wortlaut bestimmte, galt als unantastbar. Jede neue Einrichtung mußte erst überprüft werden, ob sie etwa gegen eine dieser Grundregeln verstieß.

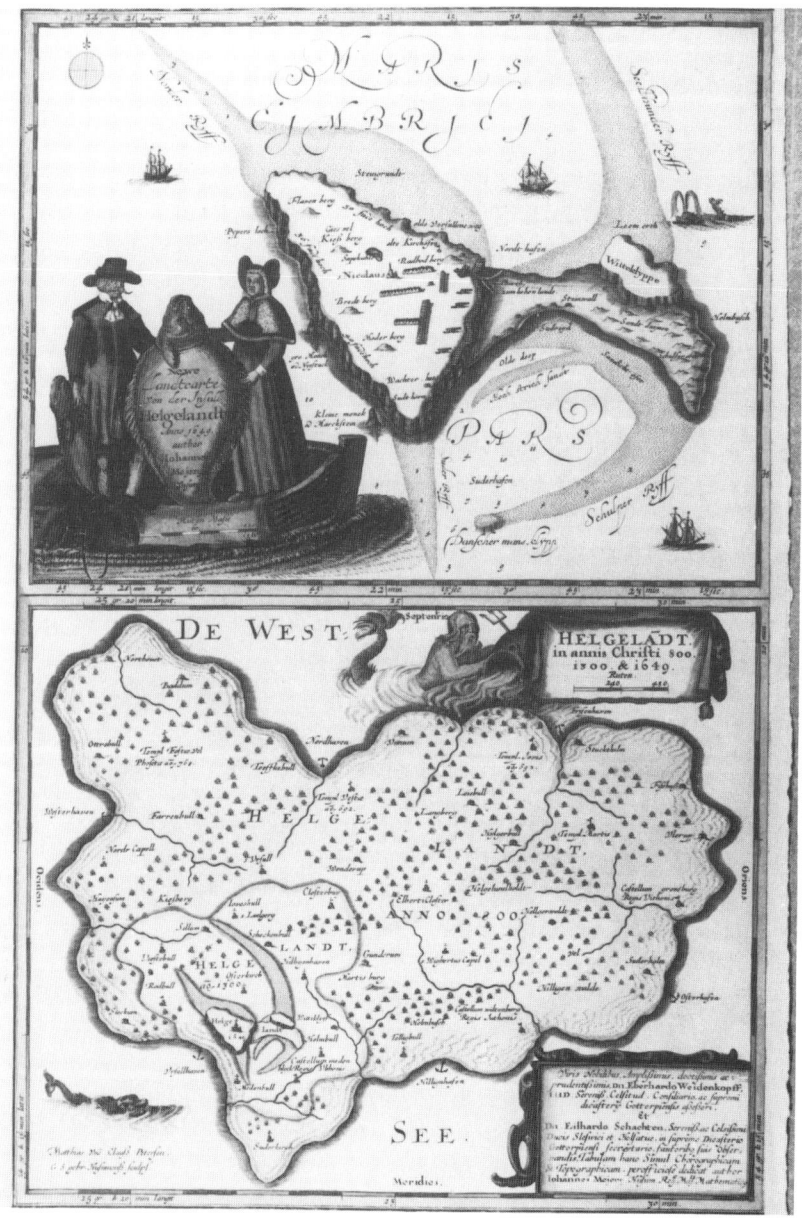

Die Helgolandkarte von Johannes Mejer erschien erstmals 1652 in der »Newe Landesbeschreibung der zwey Herzogthümer Schleswich und Holstein...« von Caspar Danckwerth. Die obere Karte bildet den annähernd tatsächlichen Zustand Helgolands in der Mitte des 17. Jahrhunderts ab.
Auch wenn davon auszugehen ist, daß die Insel im Mittelalter bedeutend größer gewesen ist, handelt es sich bei der unteren Darstellung weitgehend um Phantasiegebilde.

11

Das Gemeindewesen

Seit uralten Zeiten bestand auf der Insel eine Einrichtung, die die Selbstverwaltung sowie die Rechtspflege zu übernehmen hatte, das »Gericht«. Dieses sogenannte Gericht war mit sechs gewählten, eingesessenen Ratsmännern besetzt, zu deren Unterstützung in Ausübung der Exekutive acht den vier Quartieren der Insel entnommene Bürger, die Quartiersmänner, hinzutraten. Zur Beschlußfassung über Fragen, die von Bedeutung für die ganze Landschaft waren, versammelte sich entweder die gesamte Gemeinde oder die Landesvorsteherschaft, die sich aus den sechs Ratsmännern, den acht Quartiersmännern und weiteren 16 sogenannten Landesältesten zusammensetzte. Was die Abgabe an die landesherrliche Kasse anbelangt, so kamen die Helgoländer in früheren Jahren sehr gnädig davon. Alle an der Heringsfischerei beteiligten Boote, mit Ausnahme der Helgoländer, hatten an die Regierung ein Riemengeld zu zahlen, das einen Schilling per Riemen ausmachte; hinzu kam das Budengeld, das Fremde und Einheimische zu zahlen hatten und das sich auf vier Schilling für jeden Schuppen belief, der für den Heringsfang errichtet wurde. Die einzige direkte Geldabgabe Helgolands bestand in der sogenannten Landschatzung, die von den hausbesitzenden Einwohnern zu tragen war. Die Unterverteilung des Landschatzes machten die Einwohner unter sich durchaus friedlich und einträchtig aus. Als weitere Abgabe hatte Helgoland Herrenhummer und Herrenschnepfen in natura zu leisten. Jede tüchtige Galliote oder Schnigge - es gab davon stets um 50 Stück - hatte fünf Hummer an den Landvogt abzuliefern, die durch Boten an die fürstliche Tafel befördert wurden. Das Schnepfendeputat betrug bis 1715 je Haus eine Schnepfe, wurde aber von da ab auf jedes zweite Haus reduziert. Die Hauptfangzeit für Hummer lag im Frühjahr, wo sie in Schiffsladungen zu je 5000 Stück zum Festland gebracht wurden. Von 1701 an verkauften die Helgoländer kontraktmäßig ihre Hummer an die Kauf- und Handelsleute Wabber und Wenseley in London zu neun Reichstaler 30 Schilling das Hundert. Sonst bestand die Haupteinnahme der landesherrlichen Kasse auf Helgoland in dem Anteil an Schiffsbergungen. So fiel ihr als Drittelanteil im Jahre 1725 12 500 Reichstaler bei der Strandung des englischen Schiffes »Brignorth« zu. Zu den unumstrittenen Vorrechten der Helgoländer gehörte ihre Befreiung von jeder Militärpflicht außerhalb ihrer Insel. Dieses Privileg war einmalig. Dagegen waren sie verpflichtet, die königlichen Orlog- und Handelsschiffe ohne Entgelt zu lotsen. Auf der Insel selbst gab es jedoch eine gewisse Wehrpflicht, die von alters her mit Kontrollversammlungen verbunden war, bei denen jeder Pflichtige mit Gewehr, Kugel und Pulver anzutreten hatte. Die Praxis bestand jedoch lediglich im Wachdienst, den die Bewohner gemeinsam mit der Garnison leisteten. Einer bewaffneten Verteidigung ihrer Insel gingen die Helgoländer grundsätzlich aus dem Wege. Dabei kann man von einem Mangel an persönlichem Mut nicht sprechen bei Männern, die gewohnt waren, im Kampf mit der See ihr Leben aufs Spiel zu setzen. Das beweisen die vielen mit Todesverachtung durchgeführten Bergungen von Schiffbrüchigen. Vielmehr lag ihnen weltanschaulich der Gedanke fern, sich für einen Landesherrn in persönliche Gefahr zu begeben. Bei der Einnahme der Insel durch die Dänen 1684 hatten sie den Kommandanten durch körperlichen Zwang zur Übergabe gezwungen, und als im September 1807 der Befehlshaber der englischen Flotte mit Gewalt drohte, versagte sich die in Waffen ausgebildete Landeswehr dem Kommandanten und erzwang dadurch die kampflose Übergabe. Gleiche Vorhaben im April 1945 endeten mit einer restlosen Zerstörung der Insel. - Auf der Insel waren die Helgoländer zu Handdiensten verpflichtet. Sie mußten für die landesherrlichen Interessen Gebäudereparaturen ausführen, Munition und Vorräte auf das Oberland schaffen und Befestigungsarbeiten verrichten. Diese führten jedoch zu einem ewigen Konflikt mit dem Landesvogt. Die Arbeiten aber, die im Interesse der Landschaft selbst zu verrichten waren, wie Dienste zum Schutze des Ufers und der Düne, fanden bei dem aus-

»Solange ich denken mag, hat unser Erwerb im Fischen und Lootsen bestanden«, erzählt der Helgoländer Hans Frank Heikens in seinen Erinnerungen von 1844. In dieser Zeit entstand der kolorierte Kupferstich von W. French nach einer Vorlage von Eduard le Poittevin (Ausschnitt).

gesprochenen Gemeinsinn der Helgoländer immer größte Willigkeit und Hilfsbereitschaft.

Die Gemeindezugehörigkeit stand auf der Insel nur dem zu, der von eingesessenen Eltern abstammte. Jeder nicht gebürtige Helgoländer galt als Fremder. Ein Fremder konnte Landesangehöriger werden, wenn er eine eingesessene Helgoländerin heiratete, vorausgesetzt, daß er von ehelicher Geburt war und als ehrlich und verträglich befunden wurde. Waren beide Eheleute von auswärts, konnten sie auf der Insel nicht geduldet werden, damit das Land nicht zu volkreich und die Nahrung nicht zu knapp wurde. Nur den Eingesessenen war Fischfang, Lotsenfahrt und Bürweide vorbehalten. Die eigentliche Gemeinde, »Bürschapp«, wurde aus Bürgern gebildet, denen eine Bürlott zustand. Nur Vollbürger, die im Besitz eines Bürlotts waren, durften an den Versammlungen der Gemeinde teilnehmen und

hatten Anteil an dem Bergelohn gestrandeter Schiffe; auch konnte ein Gemeindeamt nur von solchen übernommen werden. Jeder gebürtige Helgoländer, der Eigentümer eines Hauses war oder einen selbständigen Haushalt führte, konnte von der Kirchenkasse sein Bürlott kaufen, für zehn Mark pro Person. Beim Tode des Mannes ging dasselbe auf die Witwe über, und es gab viele Witwen auf Helgoland. Auf dem Meer war es allerdings schwieriger, sich des fremden Wettbewerbs zu erwehren, da die Helgoländer im umliegenden Seegebiet für sich allein das Recht in Anspruch nahmen zu fischen, Schiffe mit Lotsen zu besetzen und seeuntüchtige Fahrzeuge zu bergen. Eingriffen in ihr Revier begegneten sie mit allem Nachdruck, notfalls mit körperlicher Gewalt. Besonders hartnäckige Kämpfe hatten sie dabei mit den Blankeneser Fischern auszutragen.

Vom Landvogt, den Ratsmännern und dem Gericht

Nur wenige Darstellungen des Helgoland-Malers Heinrich Gätke sind überliefert. Gätke kam 1837 auf die Insel. Er beschäftigte sich neben den bildnerischen Darstellungen mit ornithologischer Forschung. Die aquarellierte Bleistiftzeichnung von 1847 zeigt Helgoländer in einer bewegten Unterhaltung.

Die Landvögte der fürstlichen Herrschaft beginnen mit dem Einheimischen Michelsen Eriksen 1545, als Peter Wiben auf der Insel erschlagen wurde. Obwohl die Helgoländer stets bedacht waren, einheimische Landvögte zu haben, so mußte dieses bei der eigenen Art der Helgoländer für die landesherrlichen Interessen seine Bedenken haben, und man verfehlte nicht, stets einen Beamten als Oberinspektor auf die Insel zu schicken, bis später sogar die Vogteigeschäfte vom militärischen Kommandanten mit versehen wurden. Erst in der dänischen Zeit ab 1728 wurden in der Praxis herangebildete Landvögte auf Helgoland bestellt. Höchst seltsam ist es, daß die Helgoländer kein Verständnis dafür fanden, daß ein Amt als Landvogt automatisch Respekt und Autorität mit sich brachte, und da sie als Seeleute und Jäger eine unwahrscheinliche Beobachtungsgabe hatten, konnten sich nur wirklich ausgeglichene und gefestigte Persönlichkeiten auf der Insel durchsetzen. Das Verhältnis zwischen Landvogt und Insulaner war jedoch meist freundschaftlich, und der einzige Landvogt, der die ihm als herzoglichem Beamten zustehende Kompetenz voll ausnutzte, war der Major von Colditz 1692-1700.

Die sechs Ratsmänner, die das wichtigste Kollegium der Insel bildeten, wurden von der ganzen Bürschapp gewählt und mußten vom Landesherrn bestätigt werden. Sie versahen ihr Amt auf Lebenszeit. Die Behörde, in der sich die Zusammenarbeit des Landvogtes mit den Ratsmännern vollzog, nannte sich das Gericht. Die praktische Exekutive in der Verwaltung oblag den acht Quartiersleuten. Zwei von ihnen hatten je ihren Dienst in den Quartieren der Insel zu versehen, aus denen sie stammten. Helgoland war in vier Quartiere eingeteilt, von denen das

14

erste, zweite und dritte auf dem Oberland lag, während das vierte das Unterland umfaßte. Die Quartiersleute wurden alle vier Jahre neu gewählt, und zwar je zwei in einem Abstand von zwei Jahren. Ihre Aufgaben waren recht mannigfaltig: sie hatten die Abgaben für den Landesherrn, die Kirche und die Landschaft einzuziehen, versahen die Dienste der Wege-, Bau-, Feuer-, Gesundheits-, Gewerbe-, Fremden- und Armenpolizei. Ferner hatten sie für die Erhaltung der Gemeindeanlagen, der Düne, des Strandes und der Schiffahrt zu sorgen sowie die Berge- und Bürarbeiten zu leiten und zu überwachen. Schließlich stellten sie das mit der Führung der Landeskasse beauftragte Kollegium. Im Laufe des 18. Jahrhunderts treten nun als weitere Gruppe der Landesvorsteher 16 Landesälteste auf, die aus den vier Quartieren der Insel gleichmäßig, und zwar meist aus abgehenden Quartiersleuten, entnommen wurden. Die Landesältesten galten als Vertrauensleute und Fürsprecher der Bevölkerung und hatten, wie es in der Chronik so schön heißt, für das Wohl des Landes zu sorgen. Die Versammlung der ganzen Gemeinde war eine alte, reguläre Einrichtung, sie erfolgte auf Veranlassung des Gerichts durch die Quartiersleute. Wer die Gemeinde ohne Wissen des Landvogtes und der Quartiersleute zusammenrief, verfiel in schwere Leibes- und Lebensstrafe. An der Landesversammlung nahmen nur die bürlottberechtigten Einwohner teil, und in den Protokollen wurden die Erschienenen nach den Bürlottquartieren, die Witwen unter dem Namen ihres Ehemannes mit dem Zusatz »W« aufgeführt.

Das Finanzwesen der Insel

Die Verwaltung der Landeskasse unterstand den Quartiersleuten, die jährlich aus ihrer Mitte einen Landeskassenmeister wählten, der das Geld und die Urkunden aufzubewahren hatte und einmal jährlich dem Gericht Rechnung ablegen mußte. In die Kasse flossen die Gemeindeabgaben, die Bergelohnanteile des Landes, das Lotsengeld der Einwohner; bezahlt wurden aus ihr alle laufenden Ausgaben, während der Überschuß auf die Bürlottinhaber verteilt wurde. 1778 hatte die Landschaft eine Schuld von 13 000 Mark, da sie eine Anzahl kostspieliger Bauten hatte ausführen müssen. Da sah sich die Landesregierung genötigt, das Kassenwesen einschneidend zu reformieren. Die Quartiersleute durften fortan nur über zehn Reichstaler verfügen, während größere Ausgaben vom Landvogt und Rat genehmigt werden mußten. Der Kassenmeister hatte seine Jahresrechnung erst den Quartiersleuten und dann dem Landvogt vorzulegen, der zusammen mit dem Gericht darüber entschied. Schließlich wurde angeordnet, daß stets eine Reserve von 1000 Reichstalern in der Kasse sein müsse, bevor an weitere Ausgaben zu denken war. Jeder Versuch, an diesen Einrichtungen Änderungen vorzunehmen, wurde von den Helgoländern mit dem ganzen konservativen Sinn, der ihnen eigen war, und mit nachdrücklichem Stolz verteidigt. 1794 versuchte eine königliche Untersuchungskommission, die Landesverfassung zu reformieren. Darauf erklärten Ratsmänner und Quartiersleute im Namen der Einwohner: »Die Kommission mag wohl alle möglichen guten Eigenschaften haben, aber mit den gänzlich verwickelten Gewohnheiten und Gesetzen der Insel ist sie nicht genügend vertraut.« Es heißt in dieser Verteidigung weiter: »Wir leben auf unserer einsamen Klippe, gleichsam abgesondert von jedem Gebiet des Königreiches. Wir und unseres Landes Brot, Gewinn, Sitten, Regeln und Gewohnheiten sind dem festen Lande wildfremd, und die französische Verfassung ist wahrscheinlich dem Herzogtum bekannter als die unsrige. Unsere Verfassung ist fundiert in Arbeit und Arbeitsamkeit aller Einwohner, sie paßt auf keinen Leisten des festen Landes.«

Vom Bergungs- und Lotsenwesen

Das Bergungs- und Lotsenwesen Helgolands ist Gegenstand einer umfangreichen Literatur gewesen. Dabei galt hier den Helgoländern nur eine Richtlinie: daß die Werte des gemeinsamen Lebensquells, des Meeres, der ganzen Inselgemeinschaft zugute kommen müßten. Darum heißt es in der Beliebung von 1587: Wenn ein Schiff scheitert, fällt der Verdienst über die ganze Bürschapp, da bekommt der Arme ebenso viel wie der Reiche. Einkünfte aus Lotsendienst und Bergelohn bildeten durch Jahrhunderte das Rückgrat der Lebenshaltung, flossen sie spärlich, so griff die Not um sich. Darum war es der feste Glaube der Helgoländer, daß bei ihren engen Erwerbsmöglichkeiten das Schicksal die Klippen so gestaltet habe, daß eine große Anzahl von Schiffen in Not gerate, um somit den Bewohnern ihre Nahrung zu vermitteln. So stieß auch die Errichtung der ersten Leuchtbake auf den härtesten Widerstand der Bevölkerung. - Der schwere Kampf, den die Helgoländer im Lotsendienst mit den Blankenesern auszutragen hatten, wurde durch ein königliches Gesetz 1787 beigelegt, in dem es heißt: »Da die Helgoländer nach Regel und Natur die allein befugten Lotsen um und bei ihrer Insel sind, dürfen nur sie den nach der Weser, Elbe, Eider und Hever gehenden Schiffen ihre Dienste anbieten. Den Blankenesern ist in diesem Revier, außer in Notfällen, jeglicher Eingriff untersagt.«

Von dem Strandgut, das auf Helgoland anfiel, standen Bestückung und Munition dem Landesherrn zu, das Wrack selbst der Landschaft, während der Landvogt alle Eisenteile erhielt. Daß die Handhabung des Strandrechtes rauh und berechnend war, geht aus vielen Beschwerden hervor, und in einer Anweisung aus dem Jahre 1706 heißt es, daß bei harter Strafe nichts mutwillig begangen werden dürfe, wodurch ein Schiff, das sehr wohl hätte gerettet werden können, in noch größere Gefahr oder wohl gar zur Strandung gebracht werde. 1724 erließ der König von England eine harte Verfügung gegen Strandmißbräuche namentlich der Helgoländer und Blankeneser. Die Oberaufsicht bei der Bergung sowie die Teilung unterstand dem Landvogt und zwei Ratsmännern. Wer sich, wenn der Bürstock umlief, nicht rechtzeitig zur Bergungsarbeit begab, verlor sein halbes, und wer unredlich verfuhr, sein ganzes Lott. Die Zahl der beteiligten Bürlottinhaber war groß. 1751 waren es 421, wozu noch die bei der Bergung verwendeten Boote kamen. Trotzdem brachten die Quartiersleute es fertig, diese komplizierten Auseinandersetzungen zur Zufriedenheit aller abzuwickeln. Was die Schule zu wenig leistete, glich die natürliche mathematische Begabung, die jede seefahrende Bevölkerung besitzt, aus. -

Die Lotsenfahrt war ursprünglich wild betrieben worden, jeder bot sich an, der sich für fähig hielt. Ab 1685 jedoch wurde ein Lotsenexamen für die Elbe eingeführt, das zweimal im Jahr vor dem Landvogt und vier Examinatoren stattfand. Zugelassen wurde, wer das 23. Lebensjahr erreicht hatte und als vollberechtigter Partner bereits gefahren hatte. Bestand er das Examen, so erhielt er das Lotsenzeichen, eine Medaille aus Messing mit Ordnungsnummer, ausgehändigt. Einen festen Tarif für das Lotsengeld gab es nicht, es wurde je nach Beschaffenheit des Schiffes, der Ladung, der Jahreszeit und der Witterung bemessen. Jeder Lotse verdingte sich für den höchsten Lohn, den er erhalten konnte. In älteren Zeiten hatte es jedem Lotsen freigestanden, auf Schiffe zu kreuzen, doch mit der Gerichtsverordnung vom 26. Oktober 1672 erging der Befehl, daß die Lotsen mit der Ausfahrt zu warten hätten, bis das Schiff vom Land aus zu sehen sei. Diese Regelung führte zu wilden Jagden ohne Rücksicht auf navigatorische Sicherheit, so daß 1756 die Börte - oder Reihenfahrt - eingeführt wurde. Diese Einrichtung hatte folgenden Ablauf: Kam ein Schiff in Sicht, so eilten die Männer zum Strand. An der Börtejolle warfen die anwesenden Lotsen ihre Zeichen in einen Hut, und durch Herausgreifen wurde ausgelost, welche acht Lotsen aus-

»Sturmläuten auf Helgoland« nennt sich Rudolf Jordans Gemälde von 1839, nach dem dieser Kupferstich entstanden ist. Jordans Spezialgebiet waren volkskundliche Szenen aus dem Küstenleben. Von 1832 bis 1845 besuchte Jordan alljährlich Helgoland. Hier fertigte er Skizzen und Studien, die er in seinem Atelier in Gemälde umsetzte.

fahren sollten. Gleichzeitig losten die Lotsenoffiziere einen Bootsführer, der zu den acht gewählten Lotsen trat. Alle anderen galten als Ruderer und konnten durch Handanlegen auf die Jolle ein Anteilrecht auf den Erlös erwerben. Noch heute ist das System des Börtemachens in Gültigkeit, wie sich auch das Auslosen als beliebtes Verfahren erhalten hat, wozu jeder Fischer von der Gemeinde eine runde Messingscheibe mit einer

Nummer ausgehändigt erhielt, die er immer bei sich trägt. Die Dienstaufsicht über die Lotsen führte der Landvogt, der bei unvorsichtigem Navigieren und Trunkenheit mit zeitweiliger Funktionsenthebung und Geldbuße bestrafen konnte. Am Ende des 18. Jahrhunderts betrug die Zahl der geprüften Lotsen ungefähr 200, und der durchschnittliche Jahresertrag belief sich auf nicht weniger als 72 000 Mark.

17

Kirche und Schulwesen

In geschichtlicher Zeit gab es auf Helgoland nur eine Kirche, die Nikolaikirche, die 1609 landeinwärts verlegt wurde, da ihr Standort durch Felsstürze gefährdet war. Die darauf neu gebaute Kirche war so schlecht ausgeführt, daß man sie 1685 abriß und neu errichtete. Helgoland hatte stets nur einen Prediger gehabt, bis 1733 der dänische König einen zweiten vorsah ob der einsamen Lage der Insel. Die Einkünfte der Pastoren waren gering, sie betrugen 40 Reichstaler im Jahr, dazu freies Weide- und Ackerland. Außerdem ließen die Lotsen für sich von der Kanzel bitten und zahlen dafür jeder zwölf Schilling jährlich. In der vorreformatorischen Zeit war Helgoland dem Bischof von Schleswig zugeteilt gewesen und wurde später dem Generalsuperintendenten für das Herzogtum Schleswig unterstellt, der alle sechs Jahre eine Generalvisitation vorzunehmen hatte. Ein besonderer kirchlicher Brauch verdient hier Erwähnung. Für diejenigen, die auf See geblieben waren, wurde vier Sonntage von der Kanzel gebetet. Waren sie auch dann nicht aufgefunden, so wurde ihnen die Leichenpredigt gehalten, und sie wurden ins Totenregister eingetragen. Von da an galt ein Verschollener als verstorben.

Bis 1733 gab es auf Helgoland nur einen Schulmeister, von da ab einen Untermeister, der die Kinder im Buchstabieren und Lesen, und einen Obermeister, der sie im Schreiben und Rechnen unterrichtete. Die überwiegende Mehrzahl der Kinder lernte jedoch nur lesen. Wer diese Fähigkeit erreicht hatte, kam in die zweite Klasse, wo er bis zum Abgang blieb. Das Schulgeld belief sich auf einen Reichstaler jährlich. Wer seine Kinder schreiben lernen lassen wollte, mußte deren zwei bezahlen. Wer nun gar noch Rechnen hinzunahm, hatte drei Reichstaler zu entrichten. Die Pastoren kassierten das Schulgeld, mußten aber dafür die Schulmeister besolden.

18

Als Nachfolgerin eines baufälligen Vorgängerbaus wurde die Nikolaikirche 1685–87 auf Helgoland errichtet. 1885 bekam sie einen neogotischen Turm. 1945 fiel die Kirche den Bombenangriffen zum Opfer.

Die Gerichtsbarkeit auf Helgoland

Das sogenannte Helgoländer Gericht trat zweimal jährlich unter Vorsitz des Landvogtes zusammen, und zwar im Frühjahr und im Herbst. Die Teilnahme der sechs Ratsmänner war immer notwendig, und wenn solche durch ihren seemännischen Beruf verhindert waren, so saß der Landvogt mit einem Beisitzer allein zu Gericht. Behandelt wurden alle weltlichen Zivilsachen. Wirkliche Kriminaldelikte wurden dem Obergericht übergeben. Das geltende bürgerliche Recht war das jütische Low, das bei seinem Versagen durch das gemeine römische Recht ergänzt wurde. Als eine gewisse Rechtsentwicklung kann man die Gemeinschaftsentwicklung verfolgen, die aller Gesetzgebung und Regelung das Fundament verleiht. Besonders bei den Kompanien, Zusammenschlüssen von Schiffseigentümern und Moats zum Betreiben von Fischerei und Schiffahrt, war der Gemeinschaftsgedanke mit typischer Inselkonsequenz durchgeführt. Beim Studium der Gerichtsprotokolle stellt man fest, daß dem Gericht nur Arbeit erwuchs durch Beschimpfung und Tätlichkeit, die, wenn auch stets leichterer Natur, recht häufig waren. Unredlichkeiten oder gar offene Diebstähle galten als etwas Unerhörtes. Verbrechen kamen auf der Insel so gut wie gar nicht vor. In den gesamten Gerichtsprotokollen der Jahrhunderte ist nur ein einziger Totschlag zu finden, der 1719 durch den nachbarlichen Streit zweier Frauen entstand und durch Hinrichtung - die einzige der Inselgeschichte - gesühnt wurde. Maßgeblich bei der Rechtsprechung war auf Helgoland der gesunde Menschenverstand und die Lebenserfahrung kämpferischer Berufe. Es ist nicht uninteressant, aus den Lokalverordnungen gewisse wirtschaftliche und kulturelle Entwicklungen zu verfolgen. So die Benutzung der Bürweide, die zwischen Kirche und Sapskuhle lag. Wer Anteil an einer Kuh hatte, durfte dazu nur ein Schaf auf eigener Weide halten. Jeder andere durfte je ein Schaf auf Gemeindeweide und eigenem Gras halten. 1726 wurde eine Verordnung herausgegeben, mit der verboten wurde, auf dem Friedhof Vieh weiden zu lassen und Schnepfenstangen aufzustellen, gleichfalls Wäsche zu bleichen und auf dem Kirchturm Fische zum Trocknen aufzuhängen, da ja der Kirchhof ein Gottesacker und der Toten Ruhestätte sei. 1693 grassierte ein hitziges Fieber auf der Insel, und es mußte angeordnet werden, daß ob des abscheulichen Gestanks in den Gassen und auf dem Friedhof die Fischköpfe zu verscharren seien und die Gräber eine feuchte Erdschicht erhalten müßten und hinfort tiefer anzulegen seien.

Die ärztliche Betreuung lag in Händen des Barbiers, der sich über den Wettbewerb vieler Bewohner beschwerte, so daß eine Verordnung besagen mußte, daß in Zukunft der Barbier allein zu barbieren berechtigt sei, ohne die Leute lange aufzuhalten.

Helgoland in der englischen Zeit

Als die Ereignisse der Jahre 1684 und 1689 gezeigt hatten, wie schnell Helgoland seinen Besitzer wechseln kann und welche Folgen daraus entstehen können, kam dem englischen Residenten in Hamburg der Gedanke, daß der Besitz Helgolands für England, namentlich im Kriegsfall, von entscheidender Bedeutung sein könne. In einer Denkschrift machte er den Vorschlag, die Insel für 10 000 Pfund Sterling von dem geldbedürftigen Holsteiner Herzog zu pachten, um sie später gänzlich zu annektieren. Sein Plan wurde mit dem Argument unterstützt, daß er England die Möglichkeit biete, von Helgoland aus den Handel der Eider, Elbe, Weser und Jade zu beherrschen. Ferner könne man einen Lotsen- und Bergungsdienst für die englische Handelsflotte einrichten. Diese Vorschläge

Nach der Besetzung Helgolands durch die Engländer im Jahre 1807 erfuhr die Insel einen gewaltigen wirtschaftlichen Aufschwung. Die Häfen des Kontinents waren für britische Waren durch die sog. Kontinentalsperre Napoleons blockiert. Von Helgoland aus war es jedoch möglich, die französischen Sperren mit kleinen Booten zu umgehen. Helgoland entwickelte sich zu einem Stapelplatz mit einem riesigen Warenlager. Die wirtschaftliche Blüte hielt indessen nur wenige Jahre an.

fanden keine Beachtung und schienen längst vergessen und eingeschlafen, als England 1807 überraschend zugriff. Die Ereignisse in diesem Jahr nahmen folgenden Verlauf: Anfang August 1807 hatte sich eine starke englische Flotte vor Kopenhagen versammelt, um die Forderung zu unterstützen, daß Dänemark mit England ein Bündnis einzugehen habe bei Abgabe seiner Flotte. Bei Ablehnung dieser Zumutung kam es zur Landung englischer Truppen und der Vernichtung der dänischen Kriegsschiffe. Schon den ganzen Sommer über hatte der englische Commander Lord Falkland vor der Westküste

Schleswig-Holsteins gekreuzt und somit die Verstärkung und Verproviantierung Helgolands verhindert. Am 30. August, als die englischen Vorbereitungen vor Kopenhagen und Seeland abgeschlossen waren, erschien er mit seinem Geschwader vor der Insel. Dem englischen Befehlshaber muß die Helgoländer Mentalität vertraut gewesen sein, denn er ließ durch seinen Parlamentär Lt.d'Auvergne von H.M.S. »Quebec« folgende Aufforderung zur Übergabe an Land schicken:
»Nach der Beschaffenheit der Seemacht Seiner Britischen Majestät unter meinem Kommando werden Sie einsehen, daß

ich die Macht habe, jede Zufuhr von der Insel abzuschneiden. Eine reife Überlegung der Übel, die notwendig aus der Fortsetzung der Blockade, die ich aufgenommen habe, entspringen werden, wird Sie bewegen, eine Insel, die zur ihrer Unterhaltung von äußeren Hilfsquellen abhängt, den Waffen Seiner Britischen Majestät zu übergeben. Menschlichkeit ist der Beweggrund, der mich veranlaßt, die Übergabe gleich zu verlangen, und Sie werden verantwortlich sein für die Folgen der Hungersnot, der die Bevölkerung durch eine verneinende Antwort ausgesetzt sein wird. Ich habe noch hinzuzufügen, daß der bekannte Edelmut des britischen Charakters Sie in den Stand setzen wird, Bedingungen, die auf der anständigsten Grundlage beruhen, vorzuschlagen, und daß die Einwohner sich versichert halten können, daß sie unter dem Schutz Seiner Britischen Majestät die freie Ausübung ihrer Rechte und Privilegien genießen und daß sie Vorrechten und Freiheiten sich zu erfreuen haben werden, deren Ausübung ihnen vorher nicht gestattet war.«

Der Kommandant der Insel, Major von Zeska, ein langerprobter Offizier, lehnte die Übergabe trotz der Schwäche seiner Position ab und bewaffnete die Helgoländer Landeswehr und Bevölkerung. Als aber am 4. September der Oberbefehlshaber der Flotte, Vizeadmiral Russel, mit seinem Geschwader vor der Insel erschien, lehnten die Helgoländer jeglichen Widerstand ab, weil sie ihn für völlig nutzlos hielten und die Ehre des Kommandanten ihnen gleichgültig war. So sah Major von Zeska sich gezwungen, Verhandlungen aufzunehmen. Am 5. September kam es bereits zu einer Einigung, der Übergabevertrag wurde ratifiziert, und englische Truppen besetzten die Insel. Der als Dolmetscher fungierende Pastor Ingwersen hatte dem Vertrag folgenden Wortlaut gegeben: »The inhabitants shall not be molested in their religious offices, occupation and privileges.« Das Wort »Constitution« war dabei fortgelassen worden, und das wurde sehr bedeutsam für den späteren Streit, ob England den bei der Kapitulation abgegebenen Versprechungen treu geblieben sei.

Die Gouverneure

Zum ersten Gouverneur ernannte man den Comte d'Auvergne, der aber schon 1808 durch Oberstleutnant William Hamilton abgelöst wurde. Im Mai 1815 verlor Sir Hamilton seinen Posten, da er in einen Prozeß mit einem Kaufmann namens John Walker Andersen verwickelt wurde. Sein Nachfolger war Sir King, der es verstand, während eines vollen Vierteljahrderts seiner Tätigkeit alle Spannungen und Härten zwischen Gouverneur und Bevölkerung auszugleichen. 1840 wurde er von dem Admiral Sir Hindmarsh abgelöst, der bei weitem nicht eine so glückliche Hand hatte. Ihm folgte 1857 Sir Pattinson, ein Mann von bestem Wollen und tadelloser Gesinnung, der aber leider über die Maßen den geistigen Getränken ergeben war, ein Umstand, der der Bevölkerung nicht verborgen blieb. Als seine sechsjährige Amtszeit ablief, wurde er vom Kolonialamt zum Rücktritt gezwungen, um einem besonders tatkräftigen Gouverneur Platz zu machen. Am 2. Juni 1863 übernahm Colonel Fitzhardinge Berkeley Maxse sein Amt als Gouverneur der Insel Helgoland. Er hatte bei den Coldstreams als Captain am Krimkrieg teilgenommen, und was ihn besonders für diesen Posten fähig machte, war der Umstand, daß er die Wiener Hofschauspielerin von Rudorff zur Frau hatte, die deutsche Sprache beherrschte und dem deutschen Kulturgut zugetan war. 1881 wurde er abberufen und zum Gouverneur von Neufundland ernannt. Sein Gesundheitszustand verbot jedoch den sofortigen Antritt dieses Postens, und er starb 1883, ohne Neufundland gesehen zu haben. Seine geistige Verbundenheit mit der Insel, für deren Wohlfahrt er sich redlich eingesetzt hatte, dokumentierte sich selbst noch in seinem Testament, in dem er gebeten hatte, in der grün-rot-weißen Flagge Helgolands beigesetzt zu werden. Sein Nachfolger war Lt.Col. Sir Terence O'Brien, der am 12. Oktober 1881 den Gouverneursposten übernahm. Ihm folgte als letzter Gouverneur Barkly, der die Übergabe Helgolands an Deutschland vollzog.

Das Wirtschaftsleben in der englischen Zeit

Bis zum Ende des Krieges mit Dänemark diente Helgoland den Engländern als Stützpunkt bei Unternehmungen gegen das Festland und wurde während der Kontinentalsperre zum absoluten Mittelpunkt des Schleichhandels und der Blockadebrecher. Das Unterland wurde zu einem riesigen Warenlager, und von allen Seiten strömten Kaufleute und Abenteurer herbei, die Blütezeit auszunutzen. Miet- und Kaufpreise für Häuser und Buden stiegen ins Endlose und brachten den Einwohnern schweres Geld. Die Helgoländer Schaluppen durchbrachen in abenteuerlichster Weise die Blockade und verdienten in Fracht für Menschen und Güter gewaltige Summen. Der Höhepunkt lag im Jahre 1811; danach vollzog sich der Abstieg ebenso schnell und radikal wie der Aufschwung. Allein 1817 gab es über ein Dutzend Konkurse. Auf dem Unterland verfielen die Häuser und Buden derart, daß viele als reparaturunwürdig versteigert werden mußten. Selbstmorde aus wirtschaftlicher Not kamen mehrfach vor, und eine Reihe eingesessener Familien übersiedelte zum Festland, da sie auf der Insel kein Auskommen mehr fanden. Die jüngere Generation nahm Heuer auf Handelsschiffen und blieb draußen in Übersee.

Aus dieser verzweifelten Situation entstand bei dem viel in der Welt herumgekommenen Helgoländer Schiffszimmermann Jakob Andresen Siemens der Plan, ein Seebad zu gründen, um der dem Hunger ausgelieferten Bevölkerung neue Einnahmequellen zu beschaffen. Gegen schweren Widerstand der konservativen Helgoländer, die nicht einsehen wollten, daß jemand für Ins-Wasser-Gehen Geld ausgeben könnte, schuf er 1826 die ersten Einrichtungen für ein Bad, indem er auf der Düne vier und am Strande des Unterlandes zwei Badekabinen errichtete. Noch im selben Jahr baute er gleichfalls auf der Düne einen Holzpavillon für den Aufenthalt der Gäste, die mit Schaluppen vom Festland herübergeholt wurden. Im Kampf um die Existenz der Insel veröffentlichte er 1833 eine Schrift »Die Insel Helgoland vor ihrem bevorstehenden Untergang«. Siemens war es auch, der das erste Hünengrab auf der Insel entdeckte. Durch weitere Erneuerungspläne kam er mit der Gemeinde in Streit und fuhr 1848 nach London, um dort Recht und Anerkennung zu suchen. Eine ausbrechende Cholera raffte ihn am 19. September 1849 hinweg. Auf dem Hackney-Churchyard, weit von seiner geliebten Heimatinsel, hat man ihn beigesetzt. Sein Lebenswerk wurde später zum Lebensinhalt der Insel.

1831 war die Notlage so dringend, daß sich das Kolonialamt veranlaßt sah, eine Schiffsladung Nahrungsmittel und Heizmaterial unter der ärmeren Bevölkerung zu verteilen. Die Schulden der Gemeinde stiegen von 13 000 Mark im Jahre 1780 auf 95 000 Mark im Jahre 1842. Während die Erträge der Fischerei ergiebig blieben - 1842 brachte sie 43 000 Mark -, ging die Lotsenfahrteinnahme erschreckend zurück. Dabei waren geprüfte Lotsen genug vorhanden. Nach Jakob Andresen Siemens betrug ihre Zahl im Jahre 1843 noch 350, während die Zahl der gelotsten Schiffe auf 20 im Jahr zurückging. So war es kein Wunder, daß die Steuererträge immer geringer wurden und zur Deckung der Ausgaben nicht ausreichten. Selbst als ein Steuererhebungskomitee gebildet wurde, das aus zwei Ratsmännern, zwei Quartiersleuten und zwei Ältesten bestand, konnten die notwendigsten Erträge nicht aufgebracht werden. So entschloß man sich 1846 zu einer Spielbankzulassung für die Badegäste, durch die nach Abschluß 10 000 Mark in die Kasse flossen sowie eine Einnahme von 500 Louisdor jährlich.

Daß diese Not und Bedürftigkeit der Einwohner bei Strandungen zu Übergriffen führte, nimmt wohl weiter nicht wunder. Bei einer Strandung 1834 wurden so viele Waren entwendet, daß der englische Konsul in Hamburg intervenierte und der Gouverneur die Türen des Gemeindepackhauses nachts offenhalten ließ, um den Einwohnern die Ablieferung des hinter-

1826 gründete der Helgoländer Schiffszimmerer Jacob Andresen Siemens das Seebad Helgoland. Damit erschloß sich den Insulanern eine zukunftsweisende wirtschaftliche Perspektive. Auf der Düne wurden ein Holzpavillon errichtet und Badekarren aufgestellt. Vorne links ist der 1854 in Dienst gestellte Raddampfer »Helgoland« zu erkennen.

zogenen Bergungsgutes zu ermöglichen. Am nächsten Morgen fand man Waren im Werte von vielen tausend Mark vor. Im Sommer 1844 spielten sich bei der Bergung eines mit Öl beladenen Schiffes derart unerfreuliche Dinge ab, daß die englische Fachpresse öffentlich darüber schrieb. 1858 hatte die Plünderung des mit Häuten beladenen Schiffes »Amphritite« solche Ausmaße angenommen, daß sich das Kolonialamt veranlaßt sah, einige Wochen ein Kriegsschiff vor die Insel zu legen. Eine Untersuchung wurde eingeleitet, nach deren Ablauf der Gouverneur Generalpardon erteilen mußte, da sonst die gesamte männliche Bevölkerung hätte bestraft werden müssen. Diese Zustände berichtete Gouverneur Maxse in einem Memorandum nach London, in dem es heißt: »Helgoland ist der Popanz der Versicherungsagenten und Schiffseigner sowie der Zufluchtsort für Reeder, die ihre Schiffe auf bequeme Art los sein wollen. Schiffe, die stranden, werden unter Vorgebung der Bergung einfach ausgeplündert. Das Entgelt für das Löschen einer Ladung wird von der Vorsteherschaft festgelegt, deren Mitglieder als Lotsenoffiziere und Abwracker am Bergelohn interessiert sind. Das Strandrecht, früher unter Aufsicht der Landvögte mit Anstand ausgeübt, ist heute zu einer legalisierten Seeräuberei geworden.« Erst gegen Ende der englischen Periode besserte sich die wirtschaftliche Lage durch den zunehmenden Aufschwung des Seebades.

Das Verhältnis zwischen den Gouverneuren und der Bevölkerung

Am 14. Februar 1814 wurde der Friede zwischen Dänemark und England in Kiel geschlossen, auf Grund dessen England alle Gebiete, die es erobert hatte, wieder herausgab, mit Ausnahme von Helgoland. Der Verlust berührte Dänemark wenig, und man fragt sich, weshalb England die Insel an sich riß, die 600 km von der englischen Küste entfernt liegt. Militärische Interessen waren es wohl kaum, denn nach Kriegsende zog es seine Truppen zurück und legte in der ganzen Besatzungszeit keinerlei Befestigungen an. Der einzige verändernde Eingriff bestand in der Anlage eines modernen Leuchtfeuers. Nach dem englischen Gesetz unterstanden Gebiete, die durch Eroberung und Abtretung erworben worden waren, unmittelbar der Krone und wurden als »Kronkolonie« bezeichnet. In jeder Kronkolonie steht dem König die Gesetzgebung zu, in der er unterstützt wird von dem Privy Council, der aus dem Prinzen, den Ministern und Erzbischöfen besteht. Solche »King in Council« - Gesetze bezeichnete man als »orders in council«. An der Spitze einer Kronkolonie stand ein durch »order in council« bestellter Gouverneur, dessen Amtsperiode sechs Jahre währte. Alle Gouverneure waren dem Secretary of State for the Colonies verantwortlich, und sie hatten die Pflicht, diesem auf den großen, formularmäßigen Vordrucken, den sogenannten »Blaubüchern«, zu berichten. Dieser Regelung wurde auch Helgoland unterworfen, erfuhr aber insofern eine bevorzugte Behandlung, als seine überlieferte Selbstverwaltung unverändert übernommen und volle 50 Jahre so belassen wurde. Als

dann aber das Kolonialamt eingriff, kümmerte es sich nicht um die eingewurzelten Einrichtungen, sondern ließ das den Helgoländern völlig fremde Council-System in Kraft treten. Sprache und Volkstum wurden jedoch unberührt gelassen, und Gouverneur Pattinson sagte einmal: »Kein Mann auf der Insel ist ängstlicher darauf bedacht, die alten Privilegien und Rechte Helgolands aufrechtzuerhalten, als der Gouverneur selbst.« In der Landesvorsteherschaft hatten sich in der englischen Zeit nur wenige Veränderungen zugetragen. Die Ratsmänner zogen bei ihren Beratungen jetzt auch die Quartiersleute und Landesältesten hinzu, die alle zusammen die Landesvorsteherschaft bildeten. Sir Hamilton war 1808 auf die Idee gekommen, unter den Ratsmännern den sprach- und schriftkundigsten unter dem Titel eines town clerk zum Präsidenten des Kollegiums zu ernennen. Bei der Wahl der Ratsmänner hatte der Gouverneur zwei Stimmen, so daß er in der Lage war, die Wahl seines Mandanten durchzusetzen. Die Quartiersleute und Ältesten wurden nach wie vor von den Ratsmänner gewählt und vom Gouverneur bestätigt. Die Ergänzung vollzog sich, indem in jedem Jahr einer zurücktrat. Hindmarsh gab immer wieder seiner Verwunderung Ausdruck, daß in Zeiten, in denen sich überall der reine Volksstaat entwickelte, hier die ausgesprochene Herrschaft einer kleinen Minderheit erhalten blieb. In seinem Bericht an das Kolonialamt heißt es: » Dieses Gemeinwesen mit seinem selbstgewählten Gremium von Ratsmännern stellt eine Regierungsform von so aristokratischem Charakter dar, wie man sie sich nicht besser vorstellen kann. Die einzige Garantie für seine Freiheit und Rechte, die das Volk besitzt, ist, daß seine Beherrscher derselben Lebensstufe angehören und derselben Schicksalsgemeinschaft verbunden sind wie das Volk selbst und daß sie ihren Lebensunterhalt durch die gleichen dürftigen und unsicheren Beschäftigungen aufbringen.« Mit Beginn der englischen Periode war die Befehlsgewalt der Insel vom Landvogt auf den militärischen Gouverneur übergegangen. 1821 wurde die Garnison bis auf den letzten Mann zurückgezogen, man errichtete eine Bürgerwehr aus einem

Offizier und vier Zivilisten, die aber als Polizeitruppe keinen Wert hatte, da die Bevölkerung als eine große Familie zu betrachten war. Doch verstand es der Gouverneur Sir King durch seine persönliche Würde, seine Gerechtigkeit und sein Wohlwollen, das Vertrauen der Bevölkerung in seiner Amtszeit von 1815-1840 zu erhalten. Auflehnung gegen die Obrigkeiten kam in dieser Zeit kaum vor. Erwähnenswert ist vielleicht der Zwischenfall mit dem aus Ibenshof bei Husum stammenden Abenteurer Harro Harring. Dieser hatte nach seinen Enttäuschungen bei den Freiheitskämpfen in Griechenland und Polen 1838 Zuflucht auf Helgoland gefunden. Zu gleicher Zeit lebte auf der Insel der Kunstmaler Gätke, der sich auf Helgoland der Ornithologie zuwandte und als Kenner der Helgoländer Vogelwelt große Berühmtheit erlangte. Beide gerieten wegen einer Beleidigungsaffäre in einen Prozeß, zu dem zu erscheinen Harring sich weigerte, so daß man ihn verurteilte, wegen Ungehorsams binnen 72 Stunden die Insel zu verlassen. Harring dachte gar nicht daran, sich diesem Urteil zu unterwerfen, und das Gericht sah sich außerstande, ohne militärische Hilfe gegen einen Abenteurer mit zwei Pistolen und einem großen Hund vorzugehen, und begnügte sich damit, ihm mitzuteilen, daß er nicht mehr als anwesend betrachtet werde. Erst zwei Monate später benutzte man die Anwesenheit des Kriegsschiffes »Portridge«, um ihn festzunehmen und nach Gibraltar bringen zu lassen. Von ihm stammt das Wort: »Wer die Wahrheit sagt, wird niemals Herberg finden.« - Die Blutsverwandtschaft mit den Nordfriesen ist von den Helgoländern stets unterstrichen und in Rechnung gezogen worden. Aus ihr stammt auch das ausgeprägte Unabhängigkeits- und Freiheitsgefühl, das die Inselfriesen von je gezeigt hatten. Als im Juni 1844 in Bredstedt eine große Friesentagung stattfand, entsandte das englische Helgoland eine Deputation.

Nach der Amtsübernahme durch Admiral Sir Hindmarsh verlor der Gouverneursposten über Nacht Autorität und Ansehen. Der unglückliche Auftakt wurde gegeben durch einen Anschlag, mit dem er alle diejenigen sich zu melden aufforderte, die nicht damit einverstanden seien, daß das Ehrengeschenk für den scheidenden Sir King aus der Landeskasse bezahlt wurde. Es folgten fortlaufende Fehlgriffe, die zu einer verhängnisvollen Schwächung der Autorität führten. Im Verlauf einer Gerichtssitzung, als der Gouverneur in Bedrängnis kam, enthob er den town clerk und einen Ratsmann ihres Amtes. Beschwerden in London führten zur Wiedereinsetzung beider, und das Ansehen des Gouverneurs war vollends erschüttert. Als 1845 eine gerichtliche Beschlagnahme vorgenommen wurde, taten sich die Angehörigen des Schuldners zusammen und zwangen unter Benutzung körperlicher Gewalt den Polizeidiener zum Rückzug. Das Gericht wurde gezwungen, die Strafe zu erlassen und dem Schuldner die Frist zu verlängern. Bald darauf wurde ein Quartiersmann mißhandelt, weil er Einwohner angezeigt hatte, die ihre Bürarbeit mutwillig verließen. Die Verhaftung der Übeltäter scheiterte an der drohenden Haltung der parteigreifenden Bevölkerung. Darauf lehnten die Quartiersmänner es ab, Polizeidienst zu versehen, weil sie sagten, daß die Bewohner sich wegen ihrer Verwandtschaft und Schicksalsgemeinschaft nicht zu Zwangsmaßnahmen gegeneinander zwingen ließen. Nunmehr erhob der Gouverneur Vorstellungen beim Kolonialamt, das sich aber nicht entschließen konnte, eine Truppeneinheit auf die Insel zu legen. Man schlug vor, englische Polizeikräfte auf Kosten der Gemeinde zu entsenden. Ein letzter Aufruf zur Disziplin versagte, und so entschloß man sich am 5. Dezember 1845, um Entsendung eines Headpoliceman zu bitten. Dieser englische Konstabler wurde vom Gouverneur der Bevölkerung unter dem hochtrabenden Namen »Chief Police Officer« vorgestellt. Schon wenige Tage danach erzwang eine Protestkundgebung die Einstellung der Untersuchung gegen einen Aufrührer. Der an unbedingten Gehorsam gewöhnte englische Beamte sah sich öfters veranlaßt, von dringenden Festnahmen abzusehen, weil die drohende Haltung der Insulaner ein Einlenken ratsam erscheinen ließ. Ohne größeres Polizeiaufgebot war gar nichts auszurichten, und da die Landesvorsteher hierfür keine Mittel bewilligten, schickte man gegen Ende des Jahres 1846 den Chief Police Officer in aller Stille nach England zurück.

Die Krise wurde erreicht, als Sir Hindmarsh durch Sir Pattinson abgelöst wurde, über dessen Neigung zu geistigen Getränken selbst das Kolonialamt bald im Bilde zu sein schien, denn in einer Randbemerkung des Staatssekretärs heißt es: »Von allen betrunkenen Machwerken des Gouverneurs ist dieses das sonderbarste und unlogischste.« Die Zustände wurden immer untragbarer, und schließlich drohte man mit Schließung der Spielbank, der wichtigsten Einnahmequelle. Auch wurde ein Kanonenboot für einige Zeit vor die Insel gelegt. Als die sechsjährige Amtszeit Sir Pattinsons ablief und er vom Kolonialamt zum Rücktritt gezwungen wurde, waren seine Abschiedsworte: »I came here poor, I go away poorer. I came well and I go away sick.« England hatte auch hier seine bewährte Politik des Abwartens und Hinhaltens betrieben, um die Dinge zu einem Zeitpunkt zu ordnen, an dem sie auch für die allgemeine Überzeugung zur Untragbarkeit herangereift waren.

Eine grundlegende Änderung trat ein, als 1863 Colonel Maxse sein Amt als Gouverneur übernahm. Seine erste Arbeit bestand in einer gründlichen Revision der verfassungsmäßigen Einrichtung. Die Vorbereitungen waren bereits am Ende des Jahres 1863 abgeschlossen, und schon am 7. Januar 1864 trat die neue Verfassung in Gestalt einer »order in council making provision for the government of Heligoland and declaring the powers of the Governor thereof« in Kraft. Maxse wurde zum »Commander in chief in and over the island of Heligoland«

Bereits in der ersten Hälfte des 17. Jahrhunderts wies ein offenes Steinkohlefeuer auf einem kleinen gemauerten Turm den Schiffern in der Nordsee den Weg. Diese sog. Blüse wurde 1810 von dem weißen Leuchtturm abgelöst, der anfänglich mit Paraffinkerzen und später mit Öllampen befeuert wurde. Die Fotografie zeigt beide Leuchtfeuer im Jahre 1886.

ernannt. Ihm war ein von ihm selber zu besetzender »executive council« zur Seite gestellt, der mit fünf sogenannten »Regierungsräten« besetzt war, von denen drei Beamte waren, nämlich der Gouvernementssekretär, der town clerk und der Lotseninspektor. Bei Ordinances über Verwaltungsangelegenheiten der Insel war der Gouverneur auf den Rat und die Zustimmung des legislative council angewiesen, der aus zwölf gesetzgebenden Räten bestand und zur Hälfte von der Krone und dem Gouverneur berufen wurde. Alle Vorlagen, die die Gemeindefinanzen betrafen, die vom Kolonialamt unabhängig

geführt wurden, mußten durch den combined court gehen, der aus zwölf Mitgliedern des gesetzgebenden Rates und zwölf von der Gemeinde gewählten Mitgliedern bestand. Wählbar war jeder männliche Einwohner, der volljährig British subject war. Ausgeschlossen waren die vom Festland stammenden Lehrer und Ehemänner der Helgoländerinnen, die nicht im Sinne des englischen Staatsangehörigkeitsrechtes zu den British subjects gehörten. Die neue Verfassung reduzierte die Zahl der Quartiersmänner auf vier und beschränkte ihre Kompetenzen auf die Quartiersbeaufsichtigung und das Lotsenwesen.

Die neue Verfassung wurde im April 1864 durch die Ansprache des Gouverneurs bekanntgegeben, der unter Benutzung dramatischer Gesten auf Resonanz zu stoßen hoffte. Die Helgoländer, voll Mißtrauen gegen alles Neue, schlossen aus der verbindlichen Form auf Unkenntnis und Schwäche. Trotz aller Schöntuerei des Gouverneurs merkten sie bei ihrer unsentimentalen und klaren Betrachtungsweise sehr bald, daß ihrer alten, überlieferten Selbstverwaltung durch die neue Verfassung ein Ende bereitet wurde. Die Folgen zeigten sich in einer zunehmenden Opposition gegen die neue Verwaltungseinrichtung. Die entstandene opponierende Minderheit schien jedoch auseinanderzulaufen, als ein Streit über die Kosten einer nach London zu entsendenden Protestdeputation entstand. Doch als sich der Gouverneur anschickte, die Gesetze der Steuererhebung in Anwendung zu bringen, erhielt die Opposition einen gewaltigen Zulauf. Man schloß sich in einem Bürgerkomitee zusammen und sagte den Kampf an unter dem Motto, sich die seit Jahrhunderten auch von der englischen Regierung garantierten Rechte und Privilegien nicht mit Füßen treten zu lassen. Einwohner, die zu vermitteln versuchten, wurden als Verräter gebrandmarkt. Das Briefbuch der Verwaltung weist aus den Jahren folgende Eintragung auf: »Die Jahre 1865-1867 waren voll beansprucht durch die Agitation des Bürgerkomitees, das Büro war nur damit beschäftigt, die Dokumente des Komitees und die betreffenden Papiere abzuschreiben und zu übersetzen.«

Die erste Aktion des Komitees richtete sich gegen die neuen Steuern. Der Führer der Finanzen stellte bereits im Herbst 1865 fest, daß noch nicht zwei Drittel der Steuern eingegangen waren, da die meisten Personen die Zahlung der Steuern verweigerten. Die Quartiersleute, deren Obliegenheit es war, die Abgaben einzuziehen, verweigerten schließlich ihren Dienst. Nachfristen, die der Gouverneur durch Anschlag stellte, blieben trotz seiner Drohung, Konstabler anzufordern und die Spielbank zu schließen, ohne jede Wirkung. Somit war eine Lage geschaffen, die ernster war als je in den vorangegangenen Zeiten. Widerstand gegen Staat und Gesetz waren offen organisiert und angekündigt. 1866 überreichte eine Deputation dem Kolonialamt eine Denkschrift, in der vom Bürgerkomitee folgende Forderungen erhoben wurden:

1. daß die Verfassung und alle vom Gouverneur und dem gesetzgebenden Rat erlassenen Verordnungen aufgehoben würden,

2. daß den Bürgern ihre alten Rechte, die England ihnen garantierte, wiedergegeben und somit Recht und Gesetz früherer Zeiten wieder in Kraft gesetzt würden,

3. daß alle Behörden entlassen und die Leitung der Verwaltung wieder in die Hände befähigter, das Vertrauen der Bürger verdienender Männer gelegt werde,

4. daß über die Verwaltung des Landes und der Kasse eine strenge Untersuchung einzuleiten sei, um der Insel das unnötig verschwendete Geld zu ersetzen, sowie gegen die Schuldigen nach Strenge des Gesetzes verfahren werde.

Im Oktober 1866 erfolgte vom Kolonialamt ein vorläufig abschlägiger Bescheid, doch erschien am 11. Juni 1867 der Kolonialstaatssekretär Duke of Buckingham persönlich an Bord eines Kriegsschiffes vor der Insel, um dem Bürgerkomitee folgende Antwort zu erteilen:

1. Die Verfassung wird geändert.

2. Sie bleibt in Kraft für die fünf Jahre ihrer Bestimmung, es sei denn, daß sie dahin geändert werden müsse, daß Rechte und Freiheiten, die sie verleiht, zurückgezogen werden, was nur mit großem Bedauern geschehen werde.

3. Wenn es nötig wäre, und wahrscheinlich wird es nötig werden, so wird eine genügende Macht nach Helgoland geschickt werden, um die Gesetze durchzuführen und die Steuern einzutreiben, die die Erhaltung dieser Macht erfordert.

4. Unter der neuen Verfassung kann das Kassenbuch jederzeit durch das Gemeindehaus untersucht werden.

Am Tage darauf sprach der Herzog zur ganzen Gemeinde und versprach, die Spielbank erhalten zu lassen und eine Beihilfe für den Bau eines Schaluppenhafens zu gewähren, wenn der Gouverneur berichten könne, daß die Steuern bezahlt wären und die Gesetze befolgt würden. Die englische Regierung, der Gouverneur und der Duke of Buckingham versprachen sich von dieser Aktion eine gute Wirkung. Alle sollten schwer enttäuscht werden, denn das Bürgerkomitee ließ sich weder durch Drohungen noch durch Versprechungen des Kolonialamtes beeinflussen. Im Januar 1868 standen der Landeskasse zur

Deckung von Ausgaben über 3000 Mark keine 10 Mark zur Verfügung, so daß man das Pachtgeld der Spielbank angreifen mußte. Der Gouverneur sah sich gezwungen, das Gemeindehaus aufzulösen und Neuwahlen durchzuführen. Bei der Eröffnungssitzung am 20. Januar 1868 ließ man den town clerk mit den Anträgen des Gouverneurs gar nicht zu Worte kommen, lehnte die Wahl eines Vorsitzenden ab und erklärte jegliche Erhebung von Steuern für überflüssig. Als es am 10. Februar 1868 wieder zu keiner Wahl kam, stellte der Gouverneur fest, daß sich das Gemeindehaus nicht konstituiert habe und ein

1886 erstreckte sich die Südspitze Helgolands noch direkt bis ans Meer. Felsabbrüche wurden durch natürliche Verwitterungsprozesse verursacht. Vom Fels geschützt liegen unweit des Südstrands zahlreiche Boote vor Anker.

Als örtliche Polizeitruppe wurde die englische »coast guard« eingesetzt. Anfänglich traten nur Engländer in ihren Dienst; später auch Helgoländer. Das Foto von 1885 zeigt (v. l.): Obere Reihe: Heinrich Eilers, Michel Singer, Adolf Hornsmann, Michel Michels, englischer Offizier, Hinrich Bock, Hinrich Ohlsen, Erich Kanje, Jakob Oelrichs. Mittlere Reihe: ?, ?, Heinrich Janssen, Tönnies Pauls, Aeucke Broders, Reimer Hamkens, Hinrich Michelsen. Untere Reihe: 3. v. l. Paul Schaut.

verfassungsgemäßes Beschlußorgan nicht vorhanden sei. Damit war der Zusammenbruch der Verfassung formal bestätigt. Der Gegenschlag des Kolonialamtes erfolgte prompt. Ein Kriegsschiff wurde vor die Insel gelegt und eine Coast Guard von sechs Mann an Land geschickt.

Am 9. April 1868 erschien abermals der Duke of Buckingham persönlich, um Gouverneur Maxse in den Ritterstand zu erhe-

ben und das Gemeindehaus sowie die beiden councils aufzulösen. An Stelle einer komplizierten Gemeindevertretung trat eine außerordentlich einfache Regelung: der Gouverneur wurde zum Erlaß aller Gesetze ohne Einschränkung ermächtigt, mit der Anweisung, für grundlegende Neuerungen die Zustimmung der Königin einzuholen. Als einzig beigegebenes Organ schuf man den executive council, dessen Mitglieder der Gouverneur selbst bestimmte. Damit war der Rest jeglicher Selbstverwaltung beseitigt. Die Landeskasse war jetzt dem Gouverneur unterstellt, der alle Ausgaben daraus deckte bis auf sein eigenes Gehalt, das das Kolonialamt selbst trug. Erneute Eingaben des Bürgerkomitees wurden vom Kolonialstaatssekretär grundsätzlich und nachdrücklichst abgelehnt. Ansätze von aktivem Widerstand wurden von der coast guard unterdrückt, und so ergab sich die Bevölkerung in ihr Schicksal, jedenfalls herrschte von da ab Ruhe und Ordnung auf der Insel.

Auf dem Gebiet des Rechtslebens vollzogen sich nicht sehr bedeutsame Veränderungen. Ein Polizeigericht wurde konstituiert, dem ein fest besoldeter Beamter als Gerichtsoffizier vorstand. Den Vorsitz im Court of Sessions nahm der Gouverneur selbst ein. Verschiedene Sondergerichte wurden gebildet, so für Lotsenfragen ein Court of Gutemänner, dem die Quartiersleute angehörten, und für das Bergungswesen ein Wreck Court. Ein Vorschlag des Gouverneurs Maxse, auch das materielle Recht auf Helgoland neu zu ordnen, wurde vom Kolonialamt auf Grund des Gutachtens eines Kronsyndikus abgelehnt. Der Grundsatz, daß das Gemeinderecht von dem Besitz des Bürschapp abhängig sei, vertrug sich nicht mit dem englischen Staatsangehörigkeitsbegriff. So wurde das Wahlrecht jedem männlichen britischen Untertan eröffnet. Die örtlichen Erwerbszweige der Fischerei, Lotsenfahrt und des Badebetriebes blieben jedoch den Eingesessenen vorbehalten. Ferner heißt es in einer Vorschrift, daß ein Mann, der nicht British subject sei, durch eine Heirat mit einer Helgoländerin weder das Recht erlange, auf der Insel Grundbesitz zu erwerben noch an den Rechten und Privilegien der Einheimischen teilzunehmen. Auch in den Zeiten der preußischen Verwaltung galt dieses Verbot des Grunderwerbs für Nichthelgoländer, bis die Einführung des Bürgerlichen Gesetzbuches dem ein Ende bereitete. In das Finanzwesen wurde durch Aufstellung eines jährlichen Haushaltsplanes eine solide Grundlage hineingebracht. Ein fünfköpfiges Finanzkomitee übernahm die Vermögensverwaltung, und dem Landesschatzmeister wurde die Kassenführung übertragen. Die Ausgaben konnten auch bald durch Steuern, Zölle und Lizenzen gedeckt werden. Der Nachfolger Maxses, Gouverneur O'Brien, machte sich besonders um die Gesundung der Gemeindefinanzen verdient, denn schon im Jahre 1886 konnte die ganze öffentliche Schuld getilgt werden.

Die Behauptung, daß die Bevölkerung nun glücklicher und zufriedener lebe als in den Zeiten der alten Verfassung, ist nicht zutreffend. Aus den Aufzeichnungen aller Helgoländer Familienchroniken entnimmt man nur zu oft gegenteilige Bemerkungen freiheitsliebender Insulaner. Allerdings besserte sich die wirtschaftliche Lage durch den zunehmenden Aufschwung des Seebades, der aber mit der Verfassung nichts zu tun hatte, zumal Gouverneur Maxse auf wirtschaftlichem Gebiet keine überragenden Fähigkeiten besaß.

Das Lotsenwesen

Das Lotsen- und Bergungswesen überließ der Gouverneur ganz den Helgoländern. Man hatte sich im Lotsenwesen bald nach der Inselbesetzung durch die Engländer für das freie Kreuzen entschieden, kehrte aber nach Eintreten alter Mißstände 1826 zum Börte-System zurück, um damit vom Regen in die Traufe zu kommen, denn es kamen häufiger Schiffe durch mangelhaftes Navigieren zu Schaden, weil beim Börtemachen das Los auf Männer fiel, die seit Jahren kein Schiff mehr geführt hatten und denen somit jede Praxis fehlte. Am klarsten wurden diese Mißstände von dem Helgoländer Bootsbauer Jakob Andresen Siemens erkannt, der 1843 in seiner Schrift »Nordseebesen« vorschlägt, auf Helgoland eine Navigationsschule einzurichten und mit Lotsenkuttern die Schiffahrtswege regelmäßig abzufahren, um Lotsendienst auf See anzubieten, statt zu warten, bis auf der Insel um Hilfe angefragt wurde. Da diese Vorschläge auf Helgoland kein Gehör fanden, sank die Helgoländer Lotsenfahrt langsam zu völliger Bedeutungslosigkeit herab.

Schul-
und
Kirchenwesen

Bei der Übernahme Helgolands befand sich das Schulwesen in einer völlig unzureichenden Verfassung, es gab weder Schulbücher noch Erziehungsmethoden, außerdem war der Schulbesuch kläglich. Die obere Schulklasse war räumlich so beschränkt, daß nur die Begabtesten Aufnahme fanden, und selbst bei ihnen mußte das Los entscheiden. Arbeitende Kinder erschienen nur ein bis zwei Tage in der Woche. Da die Einnahmen der Kirchenkasse noch unzuverlässiger waren als die der Gemeinde, wurde schließlich die Besoldung der beiden Prediger von der Kolonialkasse übernommen, um den Schuldienst aufrechterhalten zu können. Erst zur Zeit Gouverneur Maxses wurde das Schulwesen einer strafferen Regelung unterworfen. Man wandelte die zweite Pastorenstelle in eine Lehrerstelle um und ernannte den Prediger zum Schulaufsichtsbeamten. Eine strenge Schulpflicht wurde eingeführt, die alle Kinder vom 6. bis zum 14. Lebensjahr erfaßte. Die Schulzeit betrug also acht Jahre, in denen vier Klassen zu durchlaufen waren, von denen in den drei oberen Englisch gelehrt wurde. Die vier benötigten Lehrkräfte wurden aus der Landeskasse bezahlt.

Bei den Helgoländern zeichnete sich mehr und mehr ab, daß sie im Umhergezerrtsein der Jahrhunderte jegliche Verbindung mit den jeweiligen Regierungen der Insel verloren hatten und sich niemandem verpflichtet fühlten. So zeigten sie auch niemals Verlangen, an irgendeiner ihnen aufgezwungenen Verwaltung beteiligt zu werden, lebten vielmehr sich selbst, in ihrer Sprache und ihren eigenwilligen Gewohnheiten. Trotzdem blieb das Verhältnis zum Gouverneur herzlich und harmonisch, da er von den Helgoländern als notwendiger Gast angesehen wurde.

Die Übergabe
Helgolands
an Deutschland

Es nimmt nicht wunder, daß Helgoland bei seiner zentralen Lage in der Deutschen Bucht sehr früh den Blick Deutschlands auf sich zog; ja, man darf sagen, daß der Gedanke eines geeinten Deutschlands den Erwerb Helgolands unmittelbar nach sich ziehen mußte, sobald man in diesem Reichskörper einen militärischen Faktor erblickte. Bereits 1848 erschien in der »Deutschen Marine-Zeitung« Nr. 32 ein Aufsatz von Dr. Clement, in dem darauf hingewiesen wurde, daß die Insel für England keinerlei Nutzen habe, solange es dort keinen Kriegshafen baue. Aber Deutschland, ein einiges Deutschland, wenn es im Besitz von Helgoland wäre, müßte um jeden Preis, und koste es auch Millionen, sich dort einen Hafen schaffen. Dabei wäre es notwendig, die Insel zu umdämmen, damit der Felsen erhalten bliebe als einzige und sichere Kriegsstation. Man sieht also, daß schon in den Uranfängen dem Gedanken des Erwerbs der Insel rein militärische Motive zugrunde lagen. Im Krieg mit Frankreich 1870/71 wurde diese Frage geradezu lebenswichtig für Deutschland, und Bismarck ließ durch seinen Londoner Botschafter anfragen, ob Aussicht bestehe, die Insel gegen eine französische Kolonie eintauschen zu können. England lehnte damals ab, und weitere Bemühungen in den Jahren 1873, 1884 und 1889 blieben ohne praktische Ergebnisse, da Bismarck selbst einen ausreichenden Ausbau der Insel für unmöglich hielt.

Schon in der Amtszeit des Gouverneurs Maxse war auf dem deutschen Festland eine Bewegung ist Leben gerufen worden, die eine Wiedervereinigung der Insel mit Deutschland forderte. Da sie sich propagandistisch sehr hervortat, erlangten Parlament und Kolonialamt Kenntnis davon, und letzteres nannte die Anhänger dieser Bewegung »German sympathizers«. Als sich auf Helgoland der Widerstand gegen die neue Verfassung im Bürgerkomitee verdichtet hatte, versuchten deutsche Kreise, denselben zu schüren, und führten auch der Presse Nachrichten in diesem Sinne zu. Als der Gouverneur 1866 auf der Düne Kaninchen für seine Jagdzwecke aussetzen ließ, stellte man in Deutschland die Behauptung auf, die Kaninchen unterwühlten und gefährdeten die Düne, und fügte hinzu, daß Deutschland die Insel nur unverwüstet übernehmen wolle. Als 1876 in der englischen Öffentlichkeit die Ausführungen eines Staatsrechtsprofessors des Trinity College von Cambridge auftauchten, in denen Beschwerde über die ungerechte Behandlung der Helgoländer geführt wurde, nahm die deutsche Presse diesen Angriff in ekelhafter Weise auf und schlachtete ihn nach allen Regeln der Kunst aus. Das veranlaßte die Opposition im Oberhaus, sich der Sache anzunehmen. Der damalige Wortführer, der Earl of Rosebery, verstand es sehr geschickt, Stimmung zu machen, und führte unter anderem aus, England fordere von der ganzen Welt Verfassungen, schaffe sie aber in den eigenen Kolonien summarisch ab. Auf Helgoland habe früher jeder Grundeigentümer die verfassungsmäßige Möglichkeit gehabt, an der Verwaltung teilzunehmen. Helgoland habe sich in einem Zustand des Paradieses befunden. Da sei der Duke of Buckingham in voller Uniform vor der Insel erschienen und habe in höchst Cromwellscher Art die Verfassung abgeschafft. Der Kolonialstaatssekretär, der Earl of Carnarvon, stellte dazu fest, daß jetzt das beste Einvernehmen zwischen der englischen Regierung und den Helgoländern bestehe. Nachdem man dem Oberhaus das urkundliche Material zur Einsicht überlassen hatte, unterließ die Opposition jegliche Verfolgung.

Daß man in England schon mit dem Gedanken umgegangen war, Helgoland in einer freundschaftlichen Geste an Deutschland zu geben, beweist eine Anweisung des Kolonialbeamten aus dem Jahre 1830 an Sir Henry King, die Insel als unnützen Besitz dem Hamburger Senat unter der Hand anzubieten. Welche Bedeutung die Insel für Deutschland hat, wurde aus militä-

Eine schwebende Germania mit der deutschen Reichsflagge als Schutzmantel erreicht Helgoland bei Sonnenaufgang (?) im Jahre 1890. Die Umstände, die zur Erwerbung Helgolands führten, sind bis heute nicht fundiert aufgearbeitet und dargestellt worden.

rischen Perspektiven im Krieg zwischen Preußen, Österreich und Dänemark 1864 klar, als die Seeschlacht bei Helgoland stattfand. Noch deutlicher wurde es den Engländern, als im Kriege 1870/71 eine französische Flotte vor der Elb- und Wesermündung auftauchte und die Insel um Lotsen ersuchte für Operationen und Blockadeversuche im deutschen Küstengebiet. Die Helgoländer lehnten aus klarer Erwägung ab, mit der Begründung, daß ihre Sympathien bei Deutschland lägen, mit dem sie sich wirtschaftlich verbunden fühlten und von dessen Wohlergehen ihr eigenes abhänge. Auch diese bündige Ablehnung hatte weder patriotische noch politische Motive. Insel, Heimat und Vaterland sind für den Helgoländer eins. Der deutsche Botschafter in London, Graf Paul Hatzfeld, berichtete damals, daß die englischen Militärs Wert auf die Insel legten als Stützpunkt für eine eventuelle Blockade und andere militärische Operationen. Spätere Debatten im Unterhaus, bei denen mehrere Redner die Abtretung an Deutschland befürworteten, führten zur Ablehnung aus strategischen Gründen.

Als schließlich in einer großen Debatte 1890 dem englischen Parlament der Übergabevertrag vorgelegt wurde und die Gegner der Vorlage heftig opponierten, vertrat die Regierung in unverständlicher Verkennung der Lage und des preußischen Geistes den Standpunkt, daß militärische Interessen dem Vertrage nicht entgegenstünden. Sir Campell wagte sogar zu sagen, daß diese Insel im entlegenen Teil der Nordsee, ohne Trinkwasser, ohne Hafen und selbst ohne Rechtsanwalt, für das Empire keine Lebensfrage darstelle. Deutschland sollte ihn bald eines Besseren belehren. Als Lord Salisbury der Queen Victoria den Vertrag vorlegte, meinte sie, daß er in seiner Abfassung zwar gut sei, aber eine Kronkolonie aufzugeben, sei immer eine schlechte Sache, und es wäre ihr unbehaglich, einen derartigen Tausch vorzunehmen. Ihre Zusage erfolge nur gegen die Beteuerung, damit keinen Präzedenzfall geschaffen zu haben. Daß die Übergabe an Deutschland überhaupt erfolgte, ist wohl nur auf den Umstand zurückzuführen, daß man in England einen Krieg mit Deutschland für geradezu unwahrscheinlich hielt.

Als mit dem Abkommen vom 1. Juli 1890 die Königin von England die Souveränität über die Insel Helgoland an den deutschen Kaiser abtrat, hatte dieser wichtige Interessen im jungen afrikanischen Kolonialgebiet aufgeben müssen, was die öffentliche Meinung Deutschlands nachhaltig erregte und in den kolonialen Kreisen heftigen Widerstand fand. Man sprach davon, eine Hose gegen einen Hosenknopf vertauscht zu haben. Doch diesen Argumenten trat die deutsche Regierung mit dem Hinweis entgegen, daß der Besitz Helgolands für Deutschland von allergrößter Bedeutung sei. Ohne Helgoland habe der Nordostseekanal keine Bedeutung für die deutsche Flotte. Der Erwerb der Insel, selbst gegen größte koloniale Konzessionen, sei daher als Gewinn anzusehen.

So kam der Vertrag zustande, den Deutschland als Verbesserung seiner militärischen Position betrachtete, und der von England in erstaunlicher Gleichgültigkeit und Unterschätzung des deutschen Machtverlangens geschlossen wurde. Im Abkommen selbst fanden auch diesmal wieder die Helgoländer ihre Privilegien bestätigt, wie bei den bisherigen Übergaben, nur wußten sie noch nicht, daß für Politiker ein Vertrag oftmals nur ein Papierfetzen war. Wichtige Festlegungen für die Insulaner waren unter anderem:

1. Die eingeborenen Helgoländer haben das Recht, bis zum 1. Januar 1892 für England zu optieren.

2. Das lebende Geschlecht der Insel und die bis zum 30. Juni 1890 geborenen Helgoländer sind von der Wehrpflicht im Heer und in der Flotte Deutschlands befreit.

3. Die zur Zeit bestehenden heimischen Gesetze und Gewohnheiten bleiben, soweit wie möglich, unverändert bestehen.

4. Die deutsche Regierung verpflichtet sich, den in Geltung befindlichen Zolltarif bis zum 1. Januar 1910 nicht zu erhöhen.

Diese Punkte waren auch von der kaiserlichen Proklamation aufgenommen worden, die am Tage der Übergabe am 10. August 1890 erlassen wurde. Darin heißt es: »Ich werde dafür sorgen, daß Recht und Gerechtigkeit unter euch unparteiisch gepflegt werden und eure heimischen Gesetze und Gewohnheiten, soweit möglich, unverändert fortbestehen. Um euch den Übergang in die jetzigen Verhältnisse zu erleichtern, soll das jetzt lebende Geschlecht von der Wehrpflicht befreit sein.«

Der übergebende englische Gouverneur Barkly, der die Abtretung Helgolands sehr bekämpft hatte, veranlaßte durch Anregung seiner Helgoländer Vertrauensleute, daß diese Garantien eingebaut wurden, weil er sie im Interesse der bisherigen Untertanen Ihrer Britischen Majestät als notwendig bezeichnete. Auch in England löste der Vertrag vielfach Empörung aus, und bezeichnend ist die Ansprache eines Oberhausmitgliedes, in der ausgeführt wurde, daß durch diesen Vertrag eine Bevölkerung, die bislang unbeschränkte Freiheit genossen habe, einem Lande ausgeliefert werde, das sie mit Steuern belasten und mit Aushebung für Heer und Flotte unterdrücken werde.

Nach der vollzogenen Übergabe machten von den rund 500 Familien der Insel nur wenige Gebrauch von der Möglichkeit, für England optieren zu können, woraus nicht gefolgert werden darf, daß die Vereinigung mit Deutschland grundsätzlich

1906 begann der Bau des Helgoländer Südhafens. Der Blick geht von der Südspitze über die aufgespülten Flächen. Ankerplätze und Hummerfanggründe wurden von den Sandmassen zugedeckt.

begrüßt wurde. Dazu war der eingesessenen Bevölkerung als solcher über den wechselvollen Schicksalen der Jahrhunderte das Gefühl der Zusammengehörigkeit mit einem größeren Ganzen verloren gegangen. Sie empfand helgoländisch, fühlte sich als Kosmopoliten und wurde in ihrer Einstellung Deutschland gegenüber nur von Zweckmäßigkeitserwägungen geleitet. Gab

es doch bei der Übergabe einige alte Helgoländer - um 90 Jahre alt -, die dänisch geboren waren, englisch lebten und sich jetzt anschickten, als Deutsche zu sterben. Trotzdem hatten sich ungefähr 70 Helgoländer, vorwiegend aus seemännischen Berufen, entschlossen, englische Staatsbürger zu bleiben. Einzeln wurden sie zum vorläufigen preußischen Regierungskommissar Oberst Leo gebeten, der ihnen klarmachte, daß bei dem stetigen Rückgang der Schaluppenfischerei eine auskömmliche Existenz nur durch den Saisonverdienst des Gemeindebetriebes gewährleistet sei. Für englische Staatsbürger habe jedoch die deutsche Landgemeinde keine Posten zu vergeben, und jede Bewerbung sei aussichtslos. Die verheirateten Insulaner beugten sich dem wirtschaftlichen Zwang und wurden Deutsche, die jüngeren und unabhängigen jedoch blieben fest, und als sie sich durch die Zwangsmaßnahmen der Regierung ihres Auskommens beraubt sahen, wanderten sie aus in die Dominions des Britischen Empire. Ein Helgoländer antwortete dem Oberst Leo auf seine Vorhaltungen: »Next spring I go«, und noch heute heißt diese später nach England ausgewanderte Familie bei den Helgoländern »Next spring I go«. Von allen Auswanderungen der Helgoländer fallen über 50% in die Zeit, als Preußen versuchte, sie durch wirtschaftlichen Druck zu Deutschen zu machen. Doch dies blieb nicht der einzige Mißklang in den Übergabetagen. Am 10. August mittags 1 Uhr wurde auf Regierungsbefehl mit einem Schlag die Ausgabe der Helgoländer Briefmarken eingestellt und die Einziehung aller vorhandenen befohlen. Der Gemeinde versiegte eine große Einnahmequelle, und die Philatelisten wurden um eine Seltenheit ärmer.

Nach der Übernahme der Insel seitens des Reiches war nun zu entscheiden, wie Helgoland einzugliedern sei. Es stand zur Debatte, ob es wie Elsaß-Lothringen Reichsgebiet werden sollte, ob es Hamburg anzuschließen oder gar der preußischen Monarchie einzuverleiben sei. Da man sich zu letzterem entschloß, wurden die Helgoländer »Mußpreussen«. Dieses sogenannte »Helgolandgesetz«, das am 18. Februar 1891 die Vereinigung mit Preußen vollzog, gliederte Helgoland der Provinz Schleswig-Holstein an, und zwar aus Zweckmäßigkeitsgründen dem Herzogtum Holstein. Dann folgte Schlag auf Schlag gegen die Helgoländer Freiheiten. Um die im preußischen Staat geltenden Organisationsformen auf Helgoland einführen zu können, unterstellte man die Insel dem Amtsgericht Altona und

somit der deutschen Gerichtsverfassung, dem Straf-, Handels- und Wechselrecht. Am 1. Januar 1900 trat auch für Helgoland das deutsche Bürgerliche Gesetzbuch mit seinen vielen Nebengesetzen in Kraft. Die Insel wurde zur Landgemeinde erklärt und als solche dem Kreis Süderdithmarschen, Kreisstadt Meldorf, unterstellt. Das neu eingeführte Wahlrecht bestimmte, daß alle volljährigen, reichsangehörigen Einwohner Helgolands, die Besitzer eines Wohnhauses, Führer eines Hausstandes und Zahler Helgoländer Einkommensteuer waren, nach dreijährigem Aufenthalt in der Gemeinde Wählbarkeit erlangen konnten. Der Landbesitz der Krone wurde der Landgemeinde zugesprochen, die damit die Düne und viele andere Grundstücke erhielt. Einige Privilegien vermochten die Helgoländer zu retten, und zwar ihr ausschließliches Ausbootungsrecht sowie die Anordnung, daß Nichthelgoländer keinen Grundbesitz auf der Insel erwerben dürften. Das alte Bergungsrecht wurde durch die deutsche Strandordnung abgelöst, und für den Lotsendienst wurden 1906 feste Gebühren eingeführt. Die Kirchengemeinde Helgoland wurde der Probstei Süderdithmarschen zugeteilt und zugleich das Schleswig-Holsteinische Kirchenverfassungsrecht eingeführt. Auch die sogenannte Fremdentrauung war ein altes Privileg der Insel, das Menschen aller Konfessionen, Rassen und Staatsangehörigkeiten das Eingehen einer ehelichen Verbindung gestattete, wenn dieselben in ihrer Heimat durch irgendwelche Bürgerlichen Gesetze daran gehindert wurden. So ließen sich zahlreiche berühmte Persönlichkeiten, unter anderem auch Strindberg, auf Helgoland trauen. Die Kirche hatte durch dieses Privileg erhebliche Einnahmen und Geschenke für ihre Einrichtung gehabt. Durch Einführung des Bürgerlichen Gesetzbuches wurden die Fremdentrauungen aufgehoben, und der Staat verpflichtete sich, zehn Jahre lang eine Entschädigung von je 5000 Mark zu zahlen.

Trotzdem darf dabei nicht übersehen werden, daß der wirtschaftliche Aufschwung, den Deutschland in den Jahren nahm, auch auf Helgoland wirksam wurde. Der Badebetrieb nahm zu,

Wo einst der Fels ins Meer ragte, erstreckt sich schon vor dem 1. Weltkrieg eine gewaltige Fläche Neuland. Hier war genügend Platz für den Aufbau einer Marinebasis.

und es kam etwas Geld unter die Bevölkerung, die bislang bescheiden, ja kärglich gelebt hatte. Der Umstand, daß die Insulaner bislang recht arm waren, wurde vom preußischen Fiskus nach einem sorgfältigen System geschickt und unauffällig ausgenutzt. Es gelang ihm in kurzer Zeit, umfangreichen Grundbesitz aus Privathand zu erwerben, wofür gutes Geld gezahlt wurde und der preußische Staat in den Besitz von scheinbar wertlosem Acker- und Weideland gelangte. Die eingesessene Bevölkerung hatte darin eine wohltätige Unterstützungsaktion der Regierung gesehen, zumal auch der Kaiser keinen Hehl daraus machte, daß ihm die Insel sehr am Herzen lag.

Bau von Festung und Hafen

Doch im Jahre 1906 wurde den Helgoländern mit einem Schlage klar, wozu ihre Insel ausersehen war. Deutschland hatte sich entschlossen, ein Gibraltar der Deutschen Bucht zu bauen, und ging diesem Vorhaben mit der ihm eigenen Entschlossenheit und Tüchtigkeit nach. Ein von langer Hand geplantes und ausgearbeitetes Werk wurde in Angriff genommen. Ein riesiger Stab von Wallmeistern, Festungsbauingenieuren und Marinehafenbaufachleuten strömte auf die Insel. Unzähliges Büropersonal folgte, und schließlich das Arbeiterheer eines Millionenprojektes. Bergwerksleute und italienische Erdarbeiter fielen über die Insel her. Stollen wurden gegraben, Kasematten gebaut, unterirdische Kraftzentralen, Mannschaftsunterkünfte, Bäckereien, Lagerhäuser und Brunnen. Die Insel wurde mit einem Labyrinth von Gängen durchzogen, die von Westen nach Osten, von Norden nach Süden führten und jeden Punkt der Insel unterirdisch erreichbar machten. Im Westen wurde eine Schutzmauer errichtet, um den Felsen vor dem Brandungsschlag zu schützen. An einer besonders gefährdeten Stelle der Insel zog man eine gewaltige Betonmauer bis zum Klippenrand hinauf. Nach diesen Vorbereitungen folgte die Armierung. Schwerste Haubitzen wurden in Stellung gebracht, mittlere Küstenbatterien, und zu guter Letzt weittragende, doppeltürmige Schiffsgeschütze schwersten Kalibers, die die Deutsche Bucht beherrschten. Sodann wurden Scheinwerferstellungen gebaut und klotzige Entfernungsmesser aufgestellt. Der im Süden der Insel freistehende »Mönch«, der höher war als die Insel selbst, mußte später um ein gutes Stück abgetragen werden, weil er den Entfernungsmesser der Südspitze störte. So wurde in jahrelanger Tag- und Nachtarbeit die Insel deformiert und verunstaltet, um sie für einen kriegerischen Zweck tauglich zu machen. Doch dazu

Die Luftbildaufnahme zeigt die Stellungen der schweren Geschütze auf dem Oberland. Der Feuerbereich der Geschütze, der die Mündungsbereiche von Elbe und Weser abdeckte, war bei sichtigem Wetter für feindliche Seestreitkräfte nicht passierbar.

bedurfte es eines Hafens, dieses uralten Traumes Preußens und jetzt Deutschlands, einen Kriegshafen in der Nordsee zu haben, somit Seegeltung und Macht! Die Verwirklichung dieses Traumes oblag dem Marinehafenbauamt, das mit guten Köpfen und unbeschränkten Mitteln ausgerüstet war. Das schwierigste Problem des gesamten Befestigungsbaus war die Transportfrage des Baumaterials und Kriegsgeräts auf das Felsenplateau. Die Treppe sowie der aus der englischen Zeit stammende Lift reichten für den Transport schwerer Güter nicht aus. Die britische Besatzung hatte zwar beim Abzug ihre Kanonen vom Klippenrand heruntergelassen, aber die von Deutschland vorgesehenen Riesengeschütze konnten diesen Weg nicht nehmen. So entschloß man sich zum Bau eines großen Tunnels, der am äußeren Südrand des Unterlandes in den Felsen getrieben wurde und auf dem Oberland in der Nähe der Signalstation herauskam. Durch gewaltige Aufzüge sah sich die deutsche Marine in die Lage versetzt, auch die schwerste Armierung in Stellung bringen zu können. Auf dem Unterland baute man vor dem Tunneleingang die sogenannte Marinemole in die See, an der die Frachtfahrzeuge das Material löschen konnten, das durch den Tunnel zum Oberland befördert werden sollte. Diese Mole wurde zugleich Ausgangspunkt des Kriegshafengeländes. 1906 brachten Frachtschiffe die ersten Ladungen Busch, die südöstlich der Mole versenkt wurden, darauf folgten endlose Ladungen von Basalt- und Granitsteinen aus Bornholm, Schweden und Norwegen, die als Buhnen über die Südklippen der Insel vorgetrieben wurden. Als dann der Nordsee die ersten Wellenbrecher abgerungen waren, setzte man große Spülbagger ein, die die vor der Elbmündung und auf der Loreley-Bank aufgesogenen Sandmassen zwischen Steinbuhnen und Buschbefestigungen anschwemmten. Nach und nach schob sich ein gewaltiges Hafengelände in die See hinaus, hinweg über die Ankerplätze und Hummerfanggründe der Helgoländer. Von 1906 bis 1914 wurden dem Meer 86 ha abgerungen, 36 ha Land und 50 ha Wasser mit Mauern umsäumt, als Scheiben-, U-Boots- und Torpedobootshafen. Den Helgoländern wurde das Betreten dieses Geländes untersagt, sie durften auch nicht mehr bei Niedrigwasser um die Südspitze gehen, um dort ihre Netze und Aalkörbe auslegen zu können sowie nach Strandgütern Ausschau zu halten. Da jeder Helgoländer ein geborener Jäger ist, traf das Verbot doppelt schwer, weil die besten Schnepfenfangplätze unzugänglich wurden. Am Fuß der Südspitze bauten die Deutschen ein großes Elektrizitätswerk mit Dieselmotoren, das 1912 die Stromversorgung der gesamten Insel übernahm. Für die Bevölkerung hatte sich diese enorme Bautätigkeit wirtschaftlich zuerst vorteilhaft ausgewirkt, da sie zum größten Teil auf Saisonverdienst durch Zimmervermietung angewiesen war und nun durch die beim

Festungsbau beschäftigten Arbeiter und Techniker Sommer und Winter volle Häuser hatte. Der Warenverkehr in den Geschäften wurde lebhafter, es kam Geld unter die Bevölkerung, und man sah eine gewisse »Prosperity«, wie zur Zeit der Kontinentalsperre, heraufdämmern. Da entschloß sich Preußen, große Barackenlager für die Festungsarbeiter einzurichten, in denen die Arbeiter einheitlich verpflegt und betreut wurden. Mächtige Verwaltungsgebäude entstanden, und zu guter Letzt gewaltige Kasernen mit himmelragenden Dächern, die sich wie Ungetüme an der Peripherie der Ortschaft aufreckten und die kleinen Fischerhäuschen zu ersticken drohten. Eine wahre Goldgräberstadt entstand mit dem wilden Leben einer abenteuerlichen Bevölkerung. Jäh war die Insel aus dem friedlichen Schlaf vieler Jahrhunderte gerissen, auf ihr tobte das lärmende Leben abenteuerlustiger, entwurzelter Menschen, während die Zimmer ihrer Bevölkerung wieder leer standen und die Läden vereinsamten, da Kantinen und Ausgabestellen die Barackenstadt versorgten.

Sehr schnell war der Traum von Wohlstand zerronnen, doch nicht genug damit, auch der Saisonverdienst ging zurück, da das lärmende Getümmel der Bauarbeiten sowie das zügellose Benehmen einer zusammengewürfelten Arbeiterschaft die guten Badegäste vertrieb. Jahrzehntelange Freunde der Insel, deren Wohlstand den Helgoländern Wohnhäuser und Fischerfahrzeuge verschafft hatte, und die während ihres Aufenthaltes die Segelboote wochenweise gemietet hatten, blieben aus. Binnen kurzer Zeit vollzog sich eine grundlegende Veränderung in der Struktur der Besucher. Aus dem geschlossenen Kreis internationaler, vornehmer Adelsfamilien, Künstler und Weltmänner wurde ein breiter, bürgerlicher Passantenstrom, der während seines flüchtigen Verweilens auf der Insel wenig Kontakt mit der Bevölkerung bekam, in seiner bescheidenen Bürgerlichkeit nur wenig Mittel des Aufwandes zur Verfügung hatte und für die Insel nicht mehr bedeutete als die obligate Ausflugsmasse festländischer Großstädte. In der englischen Zeit hatte die Zahl der Badegäste durchschnittlich 9000 im

Da es an einem Hafen für die Helgoländer Boote fehlte, mußten die Insulaner ihre Schaluppen bei Sturm auf den Südstrand ziehen. 1878 wurden durch das Unwetter zahlreiche Boote zerstört. Die Benutzung des Kriegshafens war den Helgoländern nicht gestattet.

Jahr betragen, während nur 3000 Passanten gezählt wurden. 1913 betrug die Zahl der erholungsuchenden deutschen Bürger bereits 30 000, und die Passanten hatten sogar die 100 000 bereits überschritten. Der Gemeinde brachte diese Entwicklung eine fast untragbare Belastung. Durch die vorher nie erlebte Menschenanhäufung sah sie sich gezwungen, aus eigenen Mitteln umfangreiche Wegebauten vorzunehmen, Kanalisation anzulegen und Anschluß an das Lichtnetz zu schaffen. Der

zunehmende Strom sommerlicher Passanten bedingte einen Ausbau der Verkehrsmittel wie Dünenfähre und Dampferbörte. Badeanlagen mußten neu geschaffen oder vergrößert werden. Hatten die Ausgaben der Gemeinde 1889 kaum 170 000 Mark betragen, so beliefen sie sich 1912 bereits auf 608 750 Mark. Inzwischen war der jahrhundertealte Haupterwerb der Bevölkerung, die Fischerei, unabhängig von den Ereignissen auf der Insel fast völlig zusammengebrochen. Der zunehmende Einsatz

41

von Fischdampfern hatte den Fischbestand der Deutschen Bucht nahezu aufgerieben. Die Helgoländer Angelfischerei, die sich hauptsächlich auf Schellfisch erstreckte, ging infolge des Fischmangels in ihren Erträgen derart zurück, daß sie aufgegeben werden mußte und somit der von ihr benutzte Schiffstyp. 1715 hatte man auf Helgoland die erste Schaluppe gebaut und dann fast zwei Jahrhunderte mit diesem Typ die Angelfischerei betrieben. Auf diesem seetüchtigen Brandungsboot hatten die Helgoländer Napoleons Blockade durchbrochen, Fracht, Post und Passagiere vom und zum Festland gefahren. 1852 wurden bei einem fürchterlichen Südoststurm 16 Schaluppen zu Wracks und 50 Familien erwerbslos. Von diesem Schlag hatte sich die Flotte nie wieder richtig erholt. Bereits um die Jahrhundertwende gehörte die Schaluppenfischerei der Geschichte an, und 1906 war das letzte Fahrzeug dieser Art von der Insel verschwunden. Zum ersten Mal in der Helgoländer Geschichte hatten die Verhältnisse einen Schiffstyp aussterben lassen. Die Fischerei beschäftigte sich nunmehr ausschließlich mit Dorsch- und Makrelenfang sowie in zunehmendem Maße mit der Hummerfischerei, die früher nur in Küstennähe von alten, nicht mehr schaluppfähigen Fischern ausgeübt wurde. Es blieb das kleine Ruderboot für den Humerfang und das ca. 8 m lange, brandungstüchtige Mittelboot, das sogenannte »Jöll«. Somit ergab sich die völlig neue Situation, daß die Bevölkerung in der Fischerei kein Auskommen mehr fand und weitgehendst auf den Badebetrieb angewiesen war. Wer also hier kein Unterkommen fand, mußte sich für Stundenlohn dem Staat verdingen. Es ist nur zu verständlich, daß die Freiheit der Helgoländer Wasserkante den preußischen Regierungsstellen ein Dorn im Auge war. 1912 tobte ein außergewöhnlich harter Sturm, der die Boote in größte Gefahr brachte und auch unter der schutzsuchenden Kutterflotte Opfer forderte. Auf eine Anfrage beim Festungskommandanten, im Kriegshafen Schutz suchen zu dürfen, wurde abschlägiger Bescheid erteilt mit der Begründung, der Hafen sei nur für Kriegszwecke gebaut.

Die friedliche Fischerinsel Helgoland schien nun endgültig unter den Rädern einer technischen Zivilisation zermalmt zu werden. Der einsetzende Assimilationsprozeß mußte in wenigen Jahren Sprache, Überlieferung, Brauch und Privileg vernichtet haben.

Südhafen mit Flugstation.

Kriegsausbruch und Evakuierung

Da traf der härteste Schlag die Helgoländer: der Kriegsausbruch, der zugleich ihre Rettung sein sollte. Am 1. August 1914 nachmittags 5 Uhr rasselten die Trommeln und zerschmetterten die Trompeten die Stille der engen Straßen. Soldaten verkündeten den Mobilmachungsbefehl und zugleich die Order an die Bevölkerung, innerhalb 24 Stunden die Insel zu verlassen. Proviant und dürftiges Handgepäck durfte mitgenommen werden, die Häuser mußten offen und die Schlüssel stecken bleiben. In der darauf folgenden Nacht ergoß sich ein Elendszug zum Strand. Familien, deren Generationen durch Jahrhunderte auf der Insel geboren und gestorben waren, sahen sich aus ihrer Heimat vertrieben. Ältere Einwohner konnten es überhaupt nicht fassen und mußten mit Gewalt auf das Schiff gebracht werden. Der geheime Mobilmachungsbefehl des Festungskommandanten lautete: »Bei Kriegsausbruch sind die Helgoländer sofort zum Festland zu schaffen. Sollten die Flußmündungen bereits durch Feindeinwirkung blockiert sein, so ist die Bevölkerung zur Düne zu schaffen, kein Helgoländer darf auf der Insel bleiben. Sollten sich Unruhen oder Widerstände bilden, ist von der Waffe Gebrauch zu machen.« In der Nacht zum 2. August vollzog sich die Einschiffung auf große Passagierdampfer deutscher Reedereien, die mit der Helgoländer Bevölkerung nach Hamburg dampften und sie in das Getriebe eines kriegstaumelnden Festlandslebens warfen.

Die Festlandszeit

Das Interesse und die Fürsorge für diese »Halbengländer« war denkbar gering, nirgends waren Vorbereitungen getroffen, und nach einem vorübergehenden Aufenthalt in den Auswandererhallen wurden sie schließlich auf Quartierscheine in den Elbgemeinden von Altona bis hinunter nach Schulau untergebracht. Hier sollten sie vier lange Jahre verbringen. Solche Familien, die bei der Übergabe an Deutschland englisch geblieben waren, wanderten in das Internierungslager Ruhleben bei Berlin, die englisch Geborenen wurden unter Polizeiaufsicht gestellt, und als sie sich, weil von der Wehrpflicht befreit, ihren Erwerb in der Seefahrt suchten, verbot man ihnen jegliche Lotsentätigkeit sowie das Fahren auf neutralen Auslandsschiffen. Die deutsch geborenen Helgoländer jedoch wurden bei der Marine eingezogen, fielen bei den Falklandinseln, im Skagerrak oder blieben auf U-Booten und Vorpostenschiffen. 48 Helgoländer fielen im deutschen Waffenrock, einem Bekleidungsstück, das noch nie zuvor ein Helgoländer getragen hatte. Die Insel selbst unterstand als bedeutendste Seefestung einem militärischen Kommandanten und erlebte nur am 8. August 1914 einen kriegerischen Vorgang, als englische Seestreitkräfte bis auf wenige Kilometer herangekommen waren und die deutschen Kreuzer »Köln«, »Ariadne« und »Mainz« sowie das Torpedoboot »V 187« vernichteten. Die Insel konnte wegen Nebel mit ihren Geschützen nicht eingreifen. Später wurde die Deutsche Bucht derart mit Minen verseucht, daß jegliche Schiffsoperation der Engländer unmöglich wurde. Die Festung wurde zur reinen Etappenstation, in der manche Orgie durch die verlassenen Straßen tobte. Da alle Häuser offen waren, bediente sich die umfangreiche Garnison freigiebigst des Vorhandenen, und was nicht geplündert wurde, verfiel durch Feuchtigkeit und dem Mangel an Pflege.

Als die Kriegsereignisse erkennen ließen, daß Deutschland seinen Gegnern unterliegen mußte, gründeten die Helgoländer aus ihren Reihen einen Zweckverband, der sich die Aufgabe stellte, eine baldige Rückführung der Bevölkerung zu organisieren, die Rechte und Freiheiten bei der zu erwartenden neuen Regierung durchzukämpfen und die Entschädigungsansprüche der Bevölkerung an den preußischen Staat zu vertreten.

Die Rückkehr zur Insel

Am 6. Dezember 1918, nach über vier langen, harten Jahren in der Fremde, kehrten die ersten Helgoländer auf die Insel zurück. Die bitteren Erlebnisse der einzelnen Familien während der Zeit des nur Geduldetseins sollten für Jahrzehnte zum Gesprächsstoff der Insulaner werden, so grausam und tief hatten sich diese Erinnerungen eingebrannt. Am 12. Dezember 1918 war die Rückkehr der gesamten Bevölkerung abgeschlossen, und als auf dem deutschen Festland Streiks und Bürgerkrieg tobten, saß sie bereits in Sicherheit auf ihrer Heimatinsel. Die Freude, die Heimat zurückgewonnen zu haben, wurde jedoch überschattet durch den unglaublichen Zustand der Häuser und Einrichtungen. Boote und Wohnungen waren in Verfall geraten und zum Teil zerstört, die Habe gestohlen und die kurzlebigen Gebrauchsgüter der Haushalte restlos verkommen. Nach dem vierjährigen Zimmerdasein mußte diese Situation Verzweiflung unter den Helgoländern auslösen. Der Zweckverband schloß sich mit der Gemeindevertretung in einer Fünfundzwanziger Kommission zusammen, die unter dem Vorsitz von August Kuchlenz sofort Verhandlungen mit dem preußischen Innenministerium zwecks Entschädigung aller betroffenen Helgoländer aufnahm. Berlin, das durch den verlorenen Krieg und die Unruhen im Lande sehr mit sich selbst beschäftigt war, brachte den Helgoländer Wünschen wenig Verständnis entgegen, so daß es bei den Verhandlungen über die Entschädigungsansprüche zu heftigen Spannungen kam.

Schleifung der Befestigungsanlagen am Hafen nach dem ersten Weltkrieg.

Der Kampf um Recht und Freiheit

Schon hier hatten die Helgoländer das Gefühl des Verlassenseins, ja des Unterdrücktwerdens, und wurden schließlich zum Äußersten gezwungen, als mit dem 24. Januar 1919 ein preußisches Gesetz in Kraft trat, das das auf reine Demokratie aufgebaute Gemeindewahlrecht auch auf Helgoland einführte. Danach durften alle seit sechs Monaten ansässigen Männer und Frauen an der Wahl der Gemeindevertretung teilnehmen. Somit wurden die hängengebliebenen Überbleibsel der Marinebetriebe, ca. 1200 Personen, in die Lage versetzt, bei der Verwaltung der Landgemeinde mitzureden, was bislang den eingesessenen Grundeigentümern vorbehalten geblieben war. Für die Helgoländer bedeutete das eine hoffnungslose Überfremdung ihrer Gemeindeverwaltung und dadurch das Erlöschen jeder Sonderbehandlung, die durch die Lage der Insel erforderlich war. Der sichere Untergang aller Helgoländer Eigentümlichkeiten sowie des Volkstums und der Sprache schien gewiß, wenn nicht die alte Gemeindeverfassung und somit die absolute Selbstverwaltung gerettet wurde. Aus dieser Bedrängnis entstanden eine Reihe vom Kampfschriften sowie eine Denkschrift der Helgoländer, die der preußischen Regierung und den parlamentarischen Instanzen überreicht wurde. Im Herbst 1919 schickte die Fünfundzwanziger Kommission einige Delegierte zwecks Abschluß klärender Vereinbarungen zum Innenministerium nach Berlin, wo dieselben mit ihren Forderungen glatt abgewiesen wurden. Zu allem Überfluß gab man bekannt, daß jetzt auch auf Helgoland alle staatlichen Steuern und Zölle in Kraft treten sollten.

Dem preußischen Militarismus, der aus dem friedlichen Fischerdorf eine Kasernenstadt, eine gewaltige Seefestung, einen Kriegshafen schuf, hatte man weichen müssen. Man hatte Fangplätze, Heimatboden, Schaluppenfahrt und Inselgemeinschaft aufgegeben. Man hatte jahrhundertealte Inseleigenheiten geopfert, um dafür vier lange Jahre von der Heimat verschleppt zu werden. Man hatte Hab und Gut zerstört oder beraubt vorgefunden, und dazu eine größere festländische Menschengruppe, die auf der Insel ihre Quartiere aufgeschlagen hatte, um wahrscheinlich nie mehr zu gehen. Und nun, wo die Helgoländer glaubten, endlich ihren Inselfrieden wiederzuhaben und dem deutschen Imperialismus mit seinen Rüstungsprojekten entgangen zu sein, wurden sie bei der Forderung ihres Rechtes wie Bettler von der Tür gewiesen. Eine tiefe Niedergeschlagenheit nahm Platz, die schließlich, bei der kämpferischen Vitalität eines Seefahrervolkes, in wilde Entschlossenheit umschlagen mußte. Völlig auf sich selbst gestellt, wandten sie sich, nachdem das Innenministerium ihnen die Tür zugeschlagen hatte, an die Entente-Kommission in Berlin, wo sie bei dem Vorsitzenden des interalliierten Überwachungsausschusses Admiral Charlton Gehör fanden, der sie alsbald dem englischen Botschafter zuführte. Man sagte ihnen Beistand zu, und bald darauf konnte ein von den englisch geborenen Helgoländern unterzeichneter »Appeal on the British Nation« veröffentlicht werden, in dem man um Hilfe im Kampf um Freiheit und Recht nachsuchte. Es wurde darin zum Ausdruck gebracht, daß, wenn die Helgoländer nunmehr als freies friesisches Inselvolk im deutschen Chaos unterzugehen hätten, sie es vorgezogen haben würden, unter britischer Flagge zu bleiben und die alte Freiheit unter britischen Rechtsgarantien auszuüben. Gerade heute in ihrer Verlassenheit würden sie die Fürsorge des britischen Empire zu schätzen wissen. Es wurde ferner darin gefordert, daß, wenn der Vertrag von 1890 zwischen Deutschland und England hinfällig würde und sich Deutschland Helgolands nicht gebührend anzunehmen verpflichtete, die Insel an Großbritannien zurückfallen solle. Weitere Denkschriften über die Helgoländer Situation wurden an Lloyd George und an den Völkerbund gesandt. Lord Sydenham griff die Frage im englischen Oberhaus auf und stellte fest, daß es eigentlich nur drei Möglichkeiten gebe: entweder die Insel

werde wieder dänisch oder englisch oder zu einer Signalstation gemacht. Es bildete sich darauf ein größerer Kreis in England, der einen Wiedererwerb Helgolands begrüßte und veranlaßte, daß sich die englische Presse der Helgoländer um Kuchlenz annahm. Als man sich in Deutschland vom Schock dieser unerwarteten Gegenwehr der Helgoländer erholt hatte, setzte prompt ein lärmender Pressefeldzug ein, der über die von

Kuchlenz geführten Insulaner als Verräter herzog und ihnen vorwarf, Loslösungsbestrebungen zu betreiben mit dem Endziel, wieder englisch oder dänisch zu werden. Aus dieser neuen Bedrängnis ergab sich für die Inselbevölkerung die Notwendigkeit, ein noch schlagkräftigeres Instrument zu schaffen, das dann in Form der Zweiundsechziger Kommission entstand, die aus allen bestehenden Helgoländer Zusammenschlüssen mit

Die im 1. Weltkrieg ausgelegten Seeminen bedeuteten für die Kriegs- und Handelsmarine eine große Gefahr. Beizeiten wurden auf Helgoland Minen angeschwemmt.

Männern aller Schichten und Berufsgruppen gebildet wurde. Preußen verschob darauf auf Intervention des Auswärtigen Amtes die Gemeindewahlen und entsandte eine Kommission auf die Insel. Bei den folgenden Verhandlungen zeigte sich sehr bald, daß man die Helgoländer nicht als Herren ihrer Insel betrachtete und in bezug auf die verbleibenden Überreste der Festung ohne ihre Mitwirkung zu handeln gedachte.

Deutschland hatte inzwischen den Kampf mit der durch den Versailler Vertrag eingesetzten Kontrollkommission um die Schonung der Hafenanlagen aufgenommen und schien im Bunde mit der Zeit Fortschritte zu machen. Die Helgoländer erkannten dabei mit unwahrscheinlicher Klarheit, daß die Erhaltung des Hafens ein Sprungbrett bilden würde für eine neue Aufrüstung, für ihr eigenes Schicksal außerdem der preußische Dorn im Fleische, der Brückenkopf einer Regierung, die sich zum Ziel gesetzt hatte, eine kleine, freie, selbständige Inselgemeinschaft, einen Fremdkörper im wohlgeordneten preußischen Staatsgefüge, auszulöschen. Darum forderten die Helgoländer die gänzliche Zerstörung der Hafenanlagen und ein Übergehen des dazugehörigen Geländes in den Gemeindebesitz, um jeder festländischen Einflußnahme vorzubeugen. Der preußische Militarismus sah sich somit im Kampf gegen eine interalliierte Kontrollkommission und die Helgoländer Freiheitsliebe. Die deutsche Presse sprach deshalb von einem In-den-Rücken-fallen und Vaterlandsverrat. Berichte gingen von Helgoland an Admiral Charlton, in denen die Gefahr geschildert wurde, die eine Erhaltung der Hafenanlagen in sich barg, sei es für den Weltfrieden oder für England direkt. Doch man hatte sich in England, im Gefühl einer durch den Versailler Frieden geschaffenen Sicherheit, von der Unbedeutsamkeit Helgolands für die Empire-Probleme überzeugt, und im November 1920 wurde im Parlament beider Häuser die Erklärung abgegeben, daß England von den im Artikel 289 des Versailler Friedens vorgesehenen Möglichkeiten betreffs Helgoland keinen Gebrauch zu machen gedenke und das Gesamtproblem als interne Angelegenheit Deutschlands betrachte. Helgoland stand nunmehr allein, ungeschützt und verlassen einer blindwütigen Presse gegenüber. Die Helgoländer sahen sich darauf gezwungen, der preußischen Kommission zu erklären, daß sie sich durch ihre verzweifelte Situation veranlaßt sähen, beim Völkerbund vorstellig zu werden, die Insel einem Volke zu unterstellen, das sich derselben auf menschliche Weise annehmen würde, oder aber einen internationalen Status zu schaffen, der eine friedliche Entwicklung gewährleistete. »Wir erstreben kein Loskommen von Deutschland«, erklärten die Helgoländer, »aber wir sind zum Äußersten entschlossen, wenn wir erkennen müssen, daß wir einer Regierung ausgeliefert sind, die unsere Freiheiten und Rechte mißachtet und bemüht ist, unsere eigene friesische Art für immer auszutilgen.«

Auf der Insel selbst hatte sich die Lage insofern verschlechtert, als die über 1200 noch dort weilenden Festländer verhältnisfremde Anschauungen und Parteipolitik eingeschleppt hatten, die den Helgoländern bislang unbekannt waren. Nicht nur, daß durch die Parteipolitik eine Störung des Insellebens verursacht wurde, vielmehr drohte auch die alte Schicksalsgemeinschaft in die Brüche zu gehen, was der Regierung die Möglichkeit geben würde, durch gewisse Parteien auf die Arbeit der Gemeinde einzuwirken. In einem Brief des preußischen Innenministers Severing erging damals die Anweisung an einen auf Helgoland tätigen Parteifunktionär, ja keine Gewaltmaßnahmen vorzunehmen, vielmehr den Helgoländern das Gift tropfenweise einzuflößen.

Die Althelgoländer Gruppe unter Kuchlenz kämpfte indessen standhaft um die Erhaltung der Inseleigenheiten und Freiheiten. Sie brachte es fertig, dem Reichsgesetz vom 6. August 1920 eine Helgolandklausel beifügen zu lassen, nach der das Gemeindewahlrecht der Insel von einem fünfjährigen Wohnsitz abhängig war. Weitere Verhandlungen führten zu einem Ausgleich von Härten bei der Durchführung der Reichssteuergesetze, die sich auf Hauszinssteuer, Grundvermögens- und Gewerbesteuer bezogen, die zum Teil erlassen oder mit deren Erhebung einige Jahre ausgesetzt wurde. Die Einkommensteuer jedoch mußte vom 1. April 1921 ab gezahlt werden. Durch sachliche Begründung gelang es dann, die Regierung zu überzeugen, daß Helgoland von Dithmarschen gelöst werden müsse, um eine eigene Verwaltung zu erhalten. Nach langwierigen Verhandlungen entschloß sich die Berliner Zentralstelle, mit dem preußischen Gesetz vom 21. Juli 1922 die Loslösung der Insel von dem Kreis Süderdithmarschen zu vollziehen und einem Landrat zu unterstellen, der die Geschäfte eines preußischen Landrates und einer örtlichen Polizeiverwaltung zu übernehmen hatte. Ihm wurde ein aus zwei Mitgliedern bestehender Inselausschuß zur Seite gegeben, der von den wahlberechtigten Einwohnern über 25 Jahre zu wählen war.

Die Abrüstung der Befestigungen

Inzwischen war die interalliierte Abrüstungskommission, bestehend aus 40 Engländern mit ihren Familien, eingetroffen, die die Schleifungsarbeiten des Kriegshafens und der Befestigungen zu überwachen hatten, die von mehreren großen deutschen Baufirmen vorgenommen wurden. Die Sprengungen dauerten von 1921-1924 und begannen am U-Boots- und Torpedohafen, während der Scheibenhafen erhalten blieb. Seine Slipanlage wurde für das Helgoländer Rettungsboot umgebaut, das seinen Platz in einem Schuppen des Hafengeländes hatte. 1921 setzte die Regierung es durch, vor dem Scheibenhafen einen kleinen Hafen neu bauen zu dürfen für die Unterbringung der Fangboote der Biologischen Anstalt. Die Helgoländer erkannten daran mit Schrecken, wie schnell ein Wiederaufleben des kaum liquidierten Marinehafenbauamtes möglich war, zumal ihnen bewußt wurde, mit welcher Geschicklichkeit es dem Festungsbauamt gelang, wichtige Einrichtungen des Hafens und der Befestigungen für Deutschland zu retten. So wurde zum Beispiel der riesige Tunnel zum Oberland nicht zerstört, sondern nur durch Plomben verengt, wie auch die Hauptkasematten und Maschinenräume der unterirdischen Festung sowie das Gängelabyrinth nicht gesprengt, sondern nur in bestimmten Abständen mit Sperrplomben versehen wurden. Die Haupteingänge zu den Süd- und Nordkasematten blieben sogar ganz erhalten. Die englische Kommission sah diesem Treiben mit einer Ruhe zu, als wäre der Krieg für alle Zeiten aus der Welt verbannt; sie hatte ihre Tennisplätze eingerichtet und unterhielt ein freundliches Verhältnis zu den Helgoländern. Nur die auf dem Felsplateau installierten Anlagen der Fortifikation wie Scheinwerfer, Meßgeräte und Geschütze wurden abmontiert und fortgeschafft, ihre Stellungen eingeebnet und mit Beton ausgegossen. Die deutschen Marinedienststellen

Durch den Tunnel an der Südspitze gelangte schwerstes militärisches Gerät auf das Oberland. Als Zierwerk trägt der Tunnel das Monogramm Wilhelms II.

hielten sich dabei mit äußerster Zähigkeit und entließen nach dem Auftreten der Zweiundsechziger Kommission alle Helgoländer, die bei den Abrüstungsarbeiten beschäftigt waren. Schon damals wurde von einigen Helgoländern die Warnung ausgesprochen, daß in diesen Köpfen feste Wiederaufbaupläne vorlägen, die bei der geringsten Bewegungsfreiheit der Insel ein zweites Festungsschicksal bescheren würden. Hinweise dieser Art fanden jedoch bei der englischen Kommission keine Beachtung. Die geologische Formation der Insel litt durch die Sprengung außerordentlich, da der weiche Sandstein überall aufriß und Regenwasser eindringen ließ, das beim Eintreten des Frostes Sprengwirkungen ausübte und so große Felsstürze verursachen konnte. Auch nahmen die Wohnungen durch die schweren Detonationen erheblichen Schaden an Scheiben und Bedachung. Noch während die Sprengungen der Festung im Gange waren, nahm die preußische Regierung auf eigene Kosten Schutzbauten an der Westseite gegen Brandungsschlag vor und brach den aktiven Widerstand der Gemeinde, die darin neue Anlagen für zukünftige Befestigungen sah, in einem Enteignungsverfahren durch alle gesetzlichen Instanzen.

Während der Demontage nach dem Krieg wurde der Tunnel verkleinert. Eine Sprengung der gesamten Anlage unterblieb jedoch.

50

Helgoland als Land-ratsamt

Preußen hatte zwar angesichts des Versailler Friedens und des erbitterten Helgoländer Widerstandes verschiedene Vorhaben fallenlassen, ja sogar Eingeständnisse gemacht und Sonderregelungen versprochen, wartete aber nur auf ein Erstarken seiner Staatsautorität, um nach Verblassen des Friedensvertrages die Scharte auszuwetzen. Bei dieser Grundeinstellung konnte natürlich das angestrebte Verhältnis zwischen den staatlichen Instanzen und der Landgemeinde nicht hergestellt werden, führte vielmehr zu laufenden Meinungsverschiedenheiten, zumal die Regierung bei der Besetzung des Landratsamtes eine recht unglückliche Hand zeigte. Die Helgoländer behaupten sogar, daß man ihnen bewußt Leute vor die Nase setzte, mit denen aus Mangel an Sachkenntnis, Verständnis für die Wasserkante und gutem Willen einfach nichts anzufangen war. Der erste Landrat Krönig wollte in seinem Beamtenwahn den Helgoländern ein Empfinden für die Reichtsinteressen beibringen unter Zurückstellung ihrer Inselprobleme. Wenn er versucht hätte, den Helgoländern Chinesisch beizubringen, wäre er sicher erfolgreicher gewesen. Selbiger Landrat wurde später wegen Zechprellerei und Falschspielens verurteilt und schließlich unter den Schutz des § 51 gestellt. Der zweite Landrat namens Pirscher stammte aus Oppeln in Schlesien und hatte von den Nordseeverhältnissen sowie von den Helgoländer Problemen nicht die leiseste Ahnung. Dafür war er ein lustiges Haus, der dem Alkohol fleißig zusprach, in der Badesaison auf den Tischen der Kneipen umhertanzte und die Badegäste belästigte. Trotz dieser Mißklänge konnte das Gemeindeleben langsam wieder normale Formen annehmen, zumal der internationale Fremdenverkehr erheblich zunahm, und gerade Helgoland für die lebenshungrigen Menschen der Nachkriegszeit ein begehrtes Ausflugsziel wurde. Die Schellfischangelei erlebte noch einmal eine kurze Blütezeit, um nach dem Wiedereinsetzen der Fischdampferflotten aller Nordseeanrainerstaaten für immer auszusterben. Die Fischerbevölkerung fand einen Ausgleich im zunehmenden Hummerfang, der sich im Laufe der folgenden Jahre zu einem Haupterwerb gestaltete, zu dem eben im Sommer Dorsch- und Makrelenfang, das Segeln mit Gästen sowie der Verdienst in Dampferbörte und Dünenfähre trat. 1923 besaß die Insel noch 27 reine Segelboote, die nur für Makrelenfang und Lusttouren eingesetzt waren und zum Teil von alten, ob ihres Friesentyps weit bekannten Schiffern geführt wurden. Als 1924 die Zerstörungen der Befestigungen abgeschlossen waren, hatten sich so ziemlich alle Festländer, die nicht durch Einheirat Bindungen festerer Art eingegangen waren, verzogen. Die Besucherzahl der Kurgäste nahm laufend zu, und die Insel schien so langsam wieder in ihr friedliches Fischerdorfdasein zurückzusinken. Ein Kreis alter Stammgäste hatte sich aus der englischen durch die kaiserliche Zeit, ja selbst durch die Zeit des Festungsdaseins der Insel, als treu erwiesen und zählte auch jetzt wieder zu den regelmäßigen Besuchern. Das waren, das muß der Gerechtigkeit wegen erwähnt werden, die Hamburger und Bremer Kaufleute. Sie stellten durch lange Jahrzehnte den Hauptanteil der guten, gerngesehenen Badekundschaft. Was aber selbst nach dem Verschwinden des Festungsspuks die Insel nicht mehr verlassen sollte, war die Tätigkeit der politischen Parteien. Von wenigen Anhängern getragen, wurde sie vom Festland unauffällig und geschickt geschürt, weil man in ihr ein Mittel sah, auf das Gemeindewesen einwirken zu können.

Das Jahr 1926 brachte für Helgoland einen schweren Rückschlag. Langanhaltende, außergewöhnlich heftige Herbststürme zerstörten 80 % des Hummerfanggerätes und warfen die Fischer gänzlich von der See. Das Bollwerk des Unterlandes, das den Nordstrand schützte, wurde auf das schwerste beschädigt und der kleinen Badedüne 160 000 cbm Sand entrissen. Die völlig auf Fischerei und Badebetrieb angewiesene Insel sah sich vor allerhärteste Aufgaben gestellt. Die Düne mußte, wenn man ihr keine sofortige Hilfe zuteil werden ließ, bei dem großen Verlust ihrer Substanz im Laufe der nächsten Sturmflut durchbrechen, somit ihren Badestrand und dessen Einrichtung verlieren, was für die Insel den Verlust ihrer hauptsächlichen Existenz bedeutet hätte.

Die preußische Regierung sah nunmehr ihre Zeit gekommen, dem schwer kämpfenden Inselvölkchen ihre Bedingungen zu diktieren. Sie legte der Landgemeinde fertige Pläne vor, nach denen der Nordstrand durch ein großangelegtes Uferdeckwerk, das bis zur Landungsbrücke reichen sollte, für immer geschützt war. Für die Düne waren technische Pläne vorgesehen, die mit umfangreichen Buhnenanlagen und Uferschutzbauten den Nordteil schützen und vermehren sollten. Das Gesamtprojekt belief sich auf ca. 3,5 Millionen Mark, von denen der Staat einen Teil tragen wollte. Die Stunden der Entscheidung waren die schwersten Stunden der Gemeindevertretung seit Kriegsende, erkannte man doch ganz klar, daß hier Befestigungsvorhaben vorlagen, die mit den Inselinteressen nichts gemein hatten und außerdem die Gefahr mit sich brachten, in die bisher so ängstlich gemiedene Abhängigkeit Preußens zu geraten. Die Gemeinde lehnte aus dem Drang, ihre Freiheit zu erhalten, sowie einer weitsichtigen Erkenntnis kommender Ereignisse ab. Eine nochmalige Anfrage der Regierung, ob die Insel Schwierigkeiten machen würde, wenn der preußische Staat selbständige Schutzmaßnahmen auf der Düne ergreifen würde, wurde von der Gemeinde dahin beantwortet, daß sie von ihrem Hausrecht Gebrauch zu machen wisse. Preußen zog darauf jegliche Unterstützung für die Dünenunterhaltung zurück, und die Landgemeinde übernahm die gesamte Verantwortung und wirtschaftliche Belastung. Es gelang ihr, aus eigenen Mitteln die Sturmschäden der Düne auszubessern und das Bollwerk des Nordstrandes zu reparieren. Von seiten der Regierung erblickte man darin eine noch viel zu große Vitalität der Gemeinde und sann auf weitere Mittel, dieselbe zu brechen.

Der inzwischen eingesetzte dritte Landrat Etzel, gleichfalls aus Oberschlesien, brachte es fertig, durch überhebliche, diktatorische Maßnahmen in kurzer Zeit mit dem Inselpastor, dem Bürgermeister, der Gemeindevertretung und nahezu sämtlichen Einwohnern in Streit zu geraten. Durch sein unauskömmliches Wesen fühlten sich die Helgoländer veranlaßt, Erkundigungen über seine frühere Tätigkeit einzuholen. Ein Regimentskamerad schrieb über Etzel: »Er geht über Leichen, duckt nach oben und tritt nach unten, kurzum, der Wortschatz der deutschen Sprache reicht nicht aus, um diesen Mann in seiner Schlechtigkeit zu kennzeichnen.«

Helgoland bekam die Faust Preußens zu spüren, denn als von Helgoländer Seite darauf hingewiesen wurde, daß die Landratsamtregelung unhaltbare Zustände heraufbeschworen habe und der Insel sehr zum Schaden gereiche, fühlte sich die Regierung bald stark genug, jeden Änderungsvorschlag durch eine den Verhältnissen gemäße Helgolandregelung ablehnen zu können.

Im Januar 1928 verfügte die Regierung die Aufhebung der Gemeindezölle auf Weine, Bier und Spirituosen, da dieselben der Weimarer Verfassung entgegenstanden. 90 000 Mark Jahreseinnahme gingen dadurch der Insel verloren. Im selben Jahr wurde das Schußwaffengesetz vom 12. April 1928 eingeführt, das alle Regelungen aus der englischen Zeit zunichte machte. Am 31. Dezember 1929 erfolgte der entscheidende Schlag, als die Helgoland-Sonderklausel des Artikels 17 der Reichsverfassung und das preußische Gesetz vom 11. Dezember 1920 über das Gemeindewahlrecht der Insel aufgehoben wurden. Dafür trat die allgemeine Landgemeindeordnung in Kraft, nach der jeder sechs Monate ansässige Bürger die Gemeindevertretung mitwählen durfte. Hiermit war zum zweiten Mal die Isolation der Inselgemeinschaft durchbrochen und sie jedem Festlandseinfluß schutzlos preisgegeben worden.

Wirtschaftlich ging es zum Glück der Insulaner etwas bergauf, da 1930 für den Hummerfang neue Gründe entdeckt wurden und der Fremdenverkehr, besonders der internationale, ständig im Wachsen begriffen war. Der großzügig ausgebaute Seebäderdienst der Hapag und des Norddeutschen Lloyd, an dem die Gemeinde Helgoland beteiligt war, sowie die Internationale Nordseewoche mit dem Helgolandrennen der Hochseejachten hoben das Renommee und schoben die Insel immer mehr in die Position eines Weltbades, zumal ihre weltabgeschiedene Ruhe und ihr mildes Seeklima unzähligen gehetzten, nervösen Großstädtern Entspannung und Genesung brachten. Besonders angenehm war der Aufenthalt für die vom Heuschnupfen Befallenen zur Zeit der Korn- und Grasblüte. So ließen die auf dem Festland um sich greifende Arbeitslosigkeit und Wirtschaftslabilität die Insel vorerst unberührt. Auf Drängen der Regierung ließ die Gemeinde auf dem Gelände des zerstörten U-Boothafens ein weiteres Strandbad einrichten, das jährlich einen Zuschuß von 50 000 Mark erforderte und von der preußischen Regierung benutzt wurde, dem Kriegshafengelände das Schutzmäntelchen »Badestrand« umzuhängen. Schon 1930 wurde eine größere Baufirma von seiten der Regierung beauftragt, sogenannte Ausbesserungen und Ausführungen an den Promenadenanlagen vorzunehmen, wodurch wieder fremde Arbeiter auf die Insel gebracht wurden. 1932 wurde schon eine Flugzeughalle auf dem Hafengelände errichtet und ein entsprechender Kran aufgestellt, von dem man sagte, daß er für das Helgoländer Rettungsboot bestimmt sei, da die Slipanlage im Rahmen einer Hafenerweiterung verschwinden müsse. Das war für die Helgoländer gleichbedeutend mit einem Wiederaufbau der Befestigungen. Weitere Interventionen beim preußischen Landtag und Innenministerium führten schließlich dazu, daß im Zuge der preußischen Verordnung vom 1. August 1932 über die Neugliederung von Landkreisen der Landkreis Helgoland aufgelöst wurde und man die Insel nunmehr dem südholsteinischen Kreis Pinneberg angliederte unter Leitung eines eigenen staatlich ernannten Amtsvorstehers.

Helgoländer Fischer beim Ausbessern ihrer Hummerkörbe.

Helgoland im Dritten Reich

Die Insel war von den wirtschaftlichen Katastrophen und Parteikämpfen des Festlandes, die schließlich zur Machtübernahme seitens der NSDAP führten, ziemlich verschont geblieben. Durch das Fehlen einer ausgesprochenen Arbeiterschicht und das Vorhandensein einer wirklichen Insel- und Schicksalsgemeinschaft hatte sich die soziale Struktur der Bevölkerung nach eigenen, dem Festlandsleben fremden Gesetzen gestaltet. Das gemeinsame Ertragen wirtschaftlicher Notstände schloß die Einflußnahme des Kommunismus und des sich dem gegenüberstellenden Nationalsozialismus weitgehendst aus. Zwar hatte sich die allgemeine Parteipolitik durch geschicktes Schüren Preußens auf der Insel am Leben halten können, gewann aber in ihren Extremen keine besondere Bedeutung. Die Ideen des Kommunismus fanden keinen Eingang, weil die Einwohner durch jahrhundertelange Gewohnheit zu einem Gemeinschaftssinn ausgeprägtester Form erzogen waren, also echten Sozialismus längst verwirklicht hatten und außerdem als Besitzer von Grund, Haus und Fahrzeug nach keiner weiteren Teilung zu verlangen brauchten. Dem zunehmenden Einfluß des Nationalsozialismus stand der wirkliche Helgoländer schon deshalb fremd gegenüber, weil er durch sein vielseitiges, wechselvolles Schicksal nie Sinn für Nationalismus besessen hatte und schon gar nicht für großdeutsche Ideen, und ferner, weil jeder Zwang, vor allem militärischer, ein Todfeind seiner Freiheitsliebe sein mußte; außerdem konnten ihm als Nutznießer eines Weltbades die agitierten Rassen- und Weltanschauungsprobleme nur hinderlich sein. So kam es, daß die Nazipropaganda nur diejenigen erfassen konnte, die mit ihrer schicksalsgegebenen Situation unzufrieden waren und hofften, durch die Partei ihre Position verbessern zu können. Dabei haben sie sich von der Inselgemeinschaft losgelöst, da ja die von Hitler und seiner Partei vertretenen Gedanken den Inselinteressen diametral entgegenstanden. Als am 30. Januar 1933 auf dem deutschen Festland das Tausendjährige Reich aus der Taufe gehoben wurde, mußten auch auf Helgoland zwangsläufig Neuwahlen der Gemeindevertretung vorgenommen werden, die im März zur Durchführung gelangten. Von den zu besetzenden neun Sitzen fielen nur drei an die Nazis.

1928 haben die Helgoländer Erwin Lange zum Gemeindevorsteher gewählt. Er kam aus Sachsen, und sein Vertrag lief über sechs Jahre. Im Juli 1933 hat Herr Lange aus Gesundheits- und anderen Gründen sich beurlauben lassen. Zum stellvertretenden Gemeindevorsteher wurde Dr. Meunier gewählt, der an der Biologischen Anstalt der Insel beschäftigt war und durch lebhafte Parteitätigkeit solcher Ehre für würdig befunden wurde. Er wurde gleichzeitig Polizeikommissar der Insel. Im Oktober 1933 wurde der SA-Führer Friedrich Böhm zum kommissarischen Bürgermeister ernannt, und im August 1935 wurde er der offizielle Bürgermeister. Zur Jahreswende 1937/38 wurde Böhm Bürgermeister von Eckernförde, und sein Stellvertreter Meunier dann offizieller Bürgermeister von Helgoland. Durch die Gleichschaltungsmaßnahmen der Nationalsozialisten wurde die alte Gemeindevertretung aufgelöst. Dieser Dr. Meunier sollte später die Geißel der Insel werden. Somit hatte man - was Preußen so lange vergeblich versuchte - mit einem Schlag das Rückgrat des Helgoländer Widerstandes, die Gemeindevertretung, zerschmettert, und das Kesseltreiben gegen die sogenannten »Separatisten« konnte beginnen.

In einem tausendjährigen Deutschland von Eigenheiten, Privilegien und Freiheiten sprechen zu wollen und sogar zu äußern, sich der dänischen und englischen Zeiten mit Wohlgefallen zu erinnern, mußte als schwerstes Staatsverbrechen gewertet werden, das mit allen zur Verfügung stehenden Mitteln zu bekämpfen war. Nachdem man also die Gemeindevertretung als bisherige Bannerträgerin des Freiheitskampfes liquidiert hatte, galt es, die Einzelträger des Gedankens zu vernichten. Die Hetzorgane der nationalsozialistischen Presse waren

»Cobra«, »Kaiser« und »Königin Luise« hießen die großen Bäderdampfer, die in den 30er Jahren den Massentourismus nach Helgoland bewältigten. Der Marinemaler Hans Bohrdt (1857–1945) zeigt die typische Szene des Ausbootens auf der Südreede.

schnell scharf gemacht und schlachteten noch einmal mit aller Gründlichkeit die Ereignisse der Nachkriegsjahre aus, hier bereits mit der der Goebbelschen Propaganda eigenen Verdrehung der Tatsachen skrupellos operierend. Führende Persönlichkeiten der Helgoländer wie Kuchlenz, Schensky, Ralfs, Friedrichs und andere wurden als finsterste Staatsverbrecher hingestellt, die, gefolgt von einer Anhängerschaft seeräuberischer Helgoländer dänischer und englischer Abstammung, nur

darauf warteten, dem jungen, aufsteigenden Deutschland in den Rücken zu fallen. Nach diesen Einschüchterungsversuchen zitierte man die einflußreichen Einwohner vor das Tribunal und gab ihnen zu verstehen, daß es für ihre eigene Sicherheit vorteilhafter sei, wenn sie ihre Posten und Ehrenämter aufgeben würden. In friesischer Halsstarrigkeit weigerten sie sich mit dem Hinweis, daß man keine Veranlassung sähe, Ämter aufzugeben, zu denen man durch die Wahl der gesamten Gemeinde

Am 2. April 1939 besuchte Adolf Hitler Helgoland. 1. von links: Masch.Ob.Baurat Triebel, Helgoland; 3. von links: Kpt. z. See Schrader (»Icke Icke«), 7. von links: Bürgermeister Dr. Karl Meunier; 8. von links: Robert Ley (Deutsche Arbeits-Front).

berufen sei. Nunmehr trat die nackte Gewalt in Funktion. Im August 1933 erfolgten auf einen Schlag zahlreiche Haussuchungen sowie die Verhaftungen von August Kuchlenz und, bald darauf, Erich Friedrichs. Um die wahre Absicht zu verschleiern, nahm man zugleich ein paar Kommunisten aus den Reihen der fremden Arbeiter in Haft und bezeichnete die Aktion als Schutzhaftmaßnahme. Das bei den verschiedenen

Helgoländern gefundene Material, in seiner geschichtlichen Bedeutung für die Insel von unersetzlichem Wert, wurde später von Dr. Meunier kaltblütig den Flammen übergeben, um jegliche Unterlagen für den Helgoländer Freiheitskampf endgültig zu vernichten. Kuchlenz und Friedrichs wurden in ein Konzentrationslager gebracht, wo man sie, wie die SS es nannte, »umerzog«, aus dem sie wieder entlassen wurden, nachdem

56

man von ihnen die Zusage erpreßt hatte, sich politisch nicht mehr zu betätigen, alle Ämter freiwillig niederzulegen und über das Erlebte für immer zu schweigen.

Die Bahn war frei, Helgoland konnte als befriedet gelten. Doch schon der Sommer 1933 brachte die ersten Schatten für die wirtschaftliche Entwicklung. Hummerfang und Badebetrieb waren untrennbare Fundamente der Inselexistenz geworden. Wenn auch die Fänge der Hummerfischerei seit 1930 beträchtlich größer geworden waren, fiel jedoch der Preis durch die Zollpolitik mit den skandinavischen Ländern, die eine zollfreie Einfuhr der dänischen und norwegischen Hummer gestattete, derart, daß die Erlöse des Fanges nur einen kärglichen Verdienst abgaben und die Fischer weitgehendst vom Ertrag der Badesaison abhängig wurden. Hier boten sich Verdienstmöglichkeiten durch Makrelen- und Dorschfang, Segelpartien, Inselrundfahrten mit Motorbooten und die Dampferbörte. Letztere wurde von einer Corporation betrieben, die sich aus Landgemeinde, Bootseigentümern und Mannschaften zusammensetzte und aus deren Erlös die Gemeinde ein Drittel erhielt. Da die Brandungsboote der Insel täglich freiwillig in die Brandung gingen und auf Strand setzten, waren sie nicht mehr zu tragbaren Bedingungen bei den Versicherungsgesellschaften unterzubringen. Man hatte deshalb im Rahmen einer Schicksalsgemeinschaft auf Basis gegenseitiger Hilfe eine eigene Versicherungseinrichtung, den sogenannten »Compakt«, gegründet, der bei Schäden den Fischern hilfreich zur Seite stand. Die Flotte der Helgoländer Boote für Fischfang und Fährdienst war fast gänzlich motorisiert. Im Sommer 1933 waren nur noch fünf der berühmten besegelten Mittelboote übrig, die für Segeltouren der alten, internationalen, meist jüdischen Stammgäste zur Verfügung standen. Ihre Benutzer und die Weltanschauung des Nationalsozialismus waren von solcher Gegensätzlichkeit, daß jedem erfahrenen Helgoländer die Tage dieses Bootstyps gezählt schienen. Im Sommer 1933 wurde Dr. Meunier zum stellvertretenden Gemeindevorsteher und im Januar 1938 zum Bürgermeister ernannt. Ein ehrgeiziger, engstirniger Festländer

durfte auf einer entlegenen Nordseeinsel den Machtrausch eines Miniaturhitlers auskosten. Härteste Parteimaßnahmen gegen die widerspenstigen Insulaner wurden eingeleitet. Jeden Tag lasen die Einwohner am Schwarzen Brett der Treppe neue Verfügungen, die mit ihrem ewigen »Ich ordne an« bei den freiheitsliebenden Friesen einen ohnmächtigen Haß aufkeimen ließen. Ein zäher Widerstand blieb, und wenn auch von den Regierungsgebäuden die Hakenkreuze wehten - von den Helgoländer Booten und Wohnhäusern flatterten unentwegt die alten grün-rot-weißen Farben. Auch vor einem zähneknirschenden Nazi-Bürgermeister duckten sich die Friesenschädel nicht. In derselben Saison noch wurde das Andenkenverkaufen der Helgoländer Kinder mit Bauchläden - als eines nordischen Menschen unwürdig - verboten. Eine alte, liebenswerte Eigenart Helgolands, seinen Besuchern Felsensteine, Seeigel, Seesterne, Muscheln und Krebse anzubieten, die von den Fischern an Land gebracht wurden, mußte mit einem Schlag verschwinden.

1934 vollzog das Dritte Reich kaltblütig, was Preußen 1926 noch nicht gewagt hatte, nämlich den Bau einer großartigen Uferbefestigung des Nordstrandes. Das alte, hölzerne Bollwerk wurde durch eine Spundbohlenwand ersetzt. Die Helgoländer Gemeinde in Gestalt des Inselkönigs Dr. Meunier entwarf ein sogenanntes Reinhardt-Finanzierungsprogramm, das in Zusammenarbeit mit der Regierung eine Verbreiterung und Neuanlage der Landungsbrücke sowie die Anlage einer großzügigen Promenade mit Brandungsschutzmauer vorsah. Zur Bereitstellung der Mittel machte man die Reichsstellen glauben, daß eine steuerliche Belastung gewisser Objekte ihren Interessen dienlich sei. So wurde durch das Reichsgesetz vom 20. Dezember 1934 eine Gemeindeeinfuhrsteuer auf Wein, Bier, Spirituosen und Tabakwaren eingeführt, und auf dem neu gewonnenen Gelände der Brückenverbreiterung ein preußisches Zollamt errichtet. Erstmalig in der Inselgeschichte versahen deutsche Zollbeamte Dienst auf Helgoländer Boden. Auf die fertiggestellte Nordstrandpromenade jedoch stellte man in wahnwitziger Ironie ein Denkmal des Afrikaforschers Dr. Carl Peters, der fortan die heimkehrenden Fischer freundlichst begrüßte. Die in Zusammenarbeit mit der Gemeinde geschaffenen Nordstrandbefestigungen bildeten den Auftakt zu einer groß angelegten Wiederaufrüstung der Insel, getreu dem Wort Hitlers, daß nur ein starkes Deutschland den Frieden Europas sichern könne. Nach längst vorliegenden Plänen wurde mit der Neueinfassung und Ausbaggerung des Scheibenhafens begonnen. Die Gemeinde flog aus dem »Badestrand« des Hafengeländes kurzerhand heraus, und die Wiedereinrichtung des U-Boot-

hafens wurde sofort in Angriff genommen. Wieder setzte ein Zustrom von Baufirmen mit ihren Arbeitern ein, die sich an allen Ecken und Kanten der Insel an das Aufbauwerk machten. Die Eingänge der Kasematten wurden wieder freigelegt und hergerichtet, die Gänge des Felsenlabyrinths von Sperrplomben befreit und der Tunnel zum Oberland wieder auf seine ursprüngliche Breite gebracht, denn jetzt füllte sich der Hafen mit Fahrzeugen voller Bau- und Kriegsmaterial, so daß kein Raum mehr für die Helgoländer Fischerboote blieb. Ein neuer, bombensicherer Tunnelaufzug wurde gebaut, und Tag und

1934 wurde die Nordstrandpromenade auf der neuen Uferbefestigung fertiggestellt. Vor das monumentale Gebäude der Biologischen Anstalt wurde dem Afrikaforscher Carl Peters ein theatralisches Denkmal gesetzt. Der Mann mit dem Tropenhelm: ein Sinnbild imperialistischer deutscher Kolonialpolitik – eine Ironie auf der Frieseninsel Helgoland.

Nacht förderten die Wagen den Bedarf der Fortifikation auf das Felsenplateau. Auf dem zu neuem Leben erwachten Hafengelände schossen die Verwaltungsgebäude des Marinehafenbauamtes wie Pilze aus dem Boden, und der Zustrom von Technikern, Ingenieuren und Beamten mit ihren Familien wollte nicht abreißen. Schimpfend über den einsamen Felsknust kamen sie, ihre Habe in Pappschachteln mit sich führend. Die Prophetie der alten Helgoländer hatte sich erfüllt, ein neuer Klondike-Rausch, eine Baupsychose war über die Insel hereingebrochen. Helgoländer Laute wurden selten in den Gassen des Ortes. Galt es, von den Schönheiten und Vorzügen der Insel zu sprechen, dann hörte man von einem jeden »Wir Helgoländer«. Brach jedoch gerade eine politische Hetze los, oder fand man ein Haar in der Suppe, dann hieß es selbstverständlich »Die Helgoländer«.

Wirtschaftlich kam die unvermeidliche Reaktion hart und sofort. Der Lärm des zunehmenden Festungsbetriebes verscheuchte die alten, erholungsuchenden Stammgäste der Insel, und den Rest besorgte die Hetze der Nazi-Propaganda. Der Umstand, daß der Bürgermeister eines Badeortes Schilder anbringen ließ, auf denen zu lesen war, daß Angehörige einer bestimmten Rasse, die jahrzehntelang unentwegt gekommen waren, hinauszuwerfen seien, ließ die alten Helgoländer bezweifeln, daß der liebe Gott ein Helgoländer sei.

Am 1. April 1935 wurde die deutsche Gemeindeordnung vom 30. Januar 1935 auch auf Helgoland eingeführt, und am 6. Juni 1935 wurde das aus der englischen Zeit stammende Jagdrecht im Anschluß an das deutsche Jagdgesetz vom 3. Juli 1934 neu geregelt. Dr. Meunier, der gleichzeitig auch Kreisjägermeister war, machte sich ein Vergnügen daraus, alle Helgoländer, die ja durch viele Generationen leidenschaftliche Jäger waren, zwecks Prüfungsablegung vor ein von ihm bestelltes Gremium zu zitieren, durch das er ganz nach Willkür jeden mißliebigen Insulaner durchfallen lassen konnte und ihm somit den Jagdschein entzog. So langsam hatte man ja die alten Rechte und Privilegien, die wohl in einem Tausendjährigen Reich nicht

recht am Platz waren, beiseite geräumt. Geblieben war nur die Börte der Lotsenfahrt, da sie durch Mangel an Gelegenheiten wertlos war, und die Regelung der Dampferbörte. Nur mit der Einordnung in die deutsche Verwaltung hatte man weiterhin Schwierigkeiten, die darin ihren Ausdruck fanden, daß die Insel zwar dem Kreis Pinneberg eingegliedert war, justizmäßig jedoch an Cuxhaven hing, steuerlich dem Finanzpräsidenten Weser-Ems zugeteilt war, arbeitsrechtlich von Stade bearbeitet wurde und uferschutztechnisch dem Wasserbauamt Tönning unterstellt war.

Im Frühjahr 1937 waren alle Aufräumungs- und Vorbereitungsarbeiten so weit abgeschlossen, daß nach Klärung der politischen Konstellationen offen an die letzte Ausstattung der Inselfestung gegangen werden konnte. Weittragende Geschütze größten Kalibers wurden aufgestellt, schwere Flakbatterien mit entsprechenden Scheinwerfern und Meßgeräten in Stellung gebracht. Unterirdische Kraftzentralen und Werkstätten wurden wieder eingerichtet sowie Mannschaftsunterkünfte und Munitionsdepots. Die ersten Funkmeßgeräte wurden auf die Insel gebracht und vom Hafengelände aus eine gewaltige Raumanlage in den Felsen vorgetrieben als Lager für Torpedos und Wasserbomben. Das Hafengelände wurde für sämtliche Helgoländer gesperrt, und mit forcierten Kräften ging man an die Wiederherstellung des Torpedo- und U-Boothafens. Bald darauf wurde eine starke Garnison von Küstenartilleristen auf die Insel gelegt, die in die vom ersten Weltkrieg noch stehengebliebenen Kasernen wieder einzog. Unter dieser schrittweisen, aber scheinbar unaufhaltsamen Entwicklung litt die einheimische Bevölkerung maßlos, da sie sich Schritt für Schritt zurückgedrängt fühlte und ihr »Sichverlieren« als Minderheit kommen sah. Doch nicht genug damit, ging man plötzlich auch an die Verwirklichung des im Ersten Weltkrieg schon geplanten Nordostgeländes. Die solide Uferbefestigung des Nordstrandes gab eine gute Basis für das Auslegen großer, 20 Tonnen schwerer Zementblöcke als Wellenbrecher, in deren Schutz man Brücken und Spundbohlenwände über die Klippen vortrieb, um hier die großen Saugbagger festlegen zu können, die den von der Loreleybank in Schuten herangebrachten Sand in Tag- und Nachtarbeit aufspülten und so aus den Fisch- und Hummerfanggründen festes Land machten. Gleichzeitig baute man eine riesige Stahlbrücke am Fuße des Felsens bis zur Nordspitze der Insel. Von hier aus trieb man außerhalb des alleinstehenden Felsens »Lange Anna« eine Barriere von Betonklötzen weit nach Norden über die Hummerklippen vor, um die schwere Brandung des Nordweststurmes zu brechen. Diese Einrichtung nahm den Fischern jegliche Möglichkeit, wie früher bei Sturm innerhalb der Grundseen durchzuschlüpfen; vielmehr mußten sie nun weit draußen im tiefen Wasser ihren Weg suchen und bei der Umrundung der Nordspitze einen erheblichen Umweg machen, der praktisch ein ewiges Niedrigwasser darstellte, da man vorher bei Flut dicht am Felsen entlang die Insel umfahren konnte. Wertvolle Fanggründe gingen der Fischerei durch diese Bauvorhaben verloren, und die sowieso schwer ringende Fischerei hatte in Berlin um Entschädigung zu kämpfen, wo man sie natürlich aus Rache für die vorangegangenen Jahre gehörig zappeln ließ.

Einmal in Gang gesetzt, war der rasenden Kriegsmaschine kein Einhalt mehr zu gebieten. Mit einem jähen Sprung griffen die Aufrüstungen 1937 auf die Düne über, die bislang so leuchtend und unberührt, vom weißen Brandungskranz umgeben, in blauer Flut gelegen hatte, in ihrer Sturmflutgefährdung Sorgenkind der Gemeinde, deren ganze Existenz sie war und die seit 1926 viel Geld und Kummer hatte für sie opfern müssen. Aus ihrem Badestrand wuchsen nun Stahlgerüste, Bretterbuden, Betonmaschinen und Baumaterialstapel hervor. Auf ihrem seichten Westufer rammte man eine häßliche, eiserne Brücke ins Meer, die auf Helgoland zuwies, so daß man unter den Helgoländern erst glaubte, die alte Verbindung mit der Insel sollte durch einen Damm wiederhergestellt werden. Doch dann wurden weitere Mauern aus Stahl und Beton nach Norden und Nordosten vorgetrieben sowie aus mächtigen Betonblöcken in Richtung des Wittkliffs und der Seehundsklippen Wellen-

brecher angelegt, die das Vorhandensein gegen den gefürchteten Nordweststurm schützen sollten. Eine Absperrung des gesamten Baugeländes der Düne folgte, so daß nunmehr den erholungsuchenden Badegästen nur noch ein Teil des Badestrandes sowie die schmale südliche Dünenspitze zur Verfügung stand. Auf dem abgesperrten militärischen Gelände jedoch wurde ein gewaltiges Projekt in Angriff genommen. An drei Stellen spuckten riesige Spülbagger den aus der Nordsee herangebrachten Sand an Land, ließen festen Boden aus dem Meere aufsteigen und schoben dieses neu gewonnene Gelände - in nord- bis nordöstlicher Richtung sich fächerartig ausbreitend - über die Ausläufer der Klippen vor. Unheimlich wuchs dieses Werk und hatte an Ausmaß bald die ursprüngliche Düne übertroffen. Weit draußen auf Sellebrunnen, von der Düne zwei Seemeilen entfernt, beim Wrack des englischen Dampfers »Glandale«, hatte die Marine aus Zementquadern einen Peilpunkt errichtet, von dem es hieß, daß er der Endpunkt des künstlichen Landes sein sollte, das als Nordseestützpunkt für Aufklärungs- und Jagdflugzeuge gedacht war. Die Durchführung dieses Vorhabens hätte den Verlust eines Drittels aller Hummerfangplätze bedeutet und somit das Ende der Fischerei. Für die Insulaner war es überhaupt unfaßbar, daß diese kleine, gefährdete Sandbank jetzt Ausmaße annahm, wie man sie überhaupt nicht für möglich gehalten hatte. Es wurde ihnen klar, daß die Düne zwar für alle Zeiten gerettet, aber für sie endgültig verloren war. Für den Badebetrieb ergaben sich unmittelbare Schwierigkeiten insofern, als die so beliebte, seit Bestehen des Bades existierende Dünenfähre mit Brandungsbooten, die an kleinen, fahrbaren Landungsstegen anlegten, bei stürmischen, auflandigen Winden eingestellt werden mußte, da die Leeseite der Düne durch die Befestigungsanlagen nicht mehr zu erreichen war. Als später der Dünenhafen fertiggestellt wurde, gestattete das Marinehafenbauamt der Gemeinde die Anlandung der Badegäste im Hafen des Sperrgebietes, wenn zu starke Brandung ein Anlaufen des Strandes unmöglich machte. Ein kriegsmäßiges Aussehen erhielt die Düne jedoch erst, nachdem Flakbatterien und Scheinwerfer aufgestellt worden waren.

Der gierig sich ausbreitende Rüstungswahn mit dem tosenden Lärm seiner technischen Einrichtungen mußte die wirtschaftliche Struktur Helgolands zwangsläufig gewaltsamen Veränderungen unterziehen. Was die Hetzkampagne der Goebbelsschen Propaganda noch übriggelassen hatte, floh nun vor dem Stampfen der Dampframmen, dem Quietschen der Felsenbagger und dem Donnern der Flakgeschütze. Die Freunde der Insel nahmen schmerzlichen Abschied, doch dafür kam Ersatz.

Unter dem Motto »Jeder Werktätige einmal nach Helgoland« spien die Bäderdampfer an den Sommertagen täglich Tausende von Kraft-durch-Freude-Reisenden aus. Von irgendeiner Richtung des deutschen Festlandes hatte die Bahn sie an einen Hafen gebracht, schlaftrunken waren sie an Bord gegangen, um bei Tagesanbruch seekrank in Helgoland an Land zu wanken. Für das Ein- und Ausbooten hatte die Dampferbörte früher zwei Mark pro Fahrgast erhalten. Die KDF-Fahrer zahlten 30 Pfennige, und die Mannschaften, die früher bei einigen Hunderten von Gästen genug verdienten, um zusammen mit dem Erlös

1937 begann ein gigantomanischer Traum Wirklichkeit zu werden. Helgoland sollte um ein Vielfaches vergrößert und damit zu einem riesigen Flottenstützpunkt vor der deutschen Küste werden. Realisiert wurde davon auf der Felsinsel die weite Fläche des heutigen Nordostlandes, die aufgespült wurde.

des Hummerfanges auch in den langen Winermonaten leben zu
können, brachten nunmehr bei Abertausenden von Besuchern
kaum noch einen Wochenlohn nach Hause. Ein ganz anderes
Tempo kam jetzt mit den Menschen. Von einem fertigen Tik-
ketblock wurde mit den Karten das Programm abgerissen:
Aquarium, Inselrundfahrt und Dünenfähre. Die noch verblei-
bende Zeit reichte gerade, um ein japanisches Seidentuch aus
dem Vogtland und eine Tafel holländischer Schokolade aus
dem Hamburger Freihafen einzukaufen. Dann ging es zum Festland und zur Arbeit zurück. Was blieb, waren Eierschalen und
Butterbrotpapier. Doch die fremden Händler, die auf Helgoland ihre Ware feilboten, hatten ihr Geld verdient, während die
Helgoländer mit dem Ruhm bedeckt wurden, die größten Aus-
beuter und Profithaie zu sein. Dabei hatten sie lange Jahre für
billiges Geld Seetang suchen müssen, um aus dem Verkauf der
getrockneten Laminarienstengel einen kleinen Verdienst zu
haben, während zugewanderte Kaufleute große Häuser in den
Hauptstraßen bewohnten und so viel Geld verdienten, daß sie
die öden Winter nicht auf der Insel zu verbringen brauchten.

Aus einer geschichtlichen, naturverbundenen Entwicklung war
die Atmosphäre der Insel durch Jahrhunderte eine kontemplative, in sich gekehrte, weltabgeschiedene gewesen, und so
auch die Mentalität ihrer Bewohner. Selbst die langjährigen
Besucher hatten dieses Stigma getragen. Nun war alles anders
geworden, die Besucher hatten sich geändert, die landschaftliche Schönheit war deformiert worden, die Atmosphäre war
gehetzt und geräuschvoll. Nur die eigene Mentalität der Insulaner war in ihrer Schwerfälligkeit und ihrem friesischen Trotz
die alte geblieben. Kein Wunder, daß sie nun einsam und hilf-
los im Treiben der Zeit standen. Das alte Helgoland machte
sich zum Sterben bereit. Im Sommer 1937 wurde die letzte
Helgoländer »Jöll« von der Familie Friedrichs an das Hafenbau-
amt als Taucherboot verkauft, da keine Segelgäste mehr kamen
und die Hafenbauten des Nordostgeländes und der Düne das
Fahrwasser derart eingeengt hatten, daß ein Aufkreuzen gegen
Strom und Wind nicht mehr möglich war. Innerhalb von 30

Jahren hatte Helgoland einen zweiten Bootstyp der technischen Zivilisation opfern müssen, zugleich auch das letzte
Segelbrandungsboot.

Im selben Jahr waren die Flakbatterien so weit aufgestellt und
eingerichtet, daß die Schießkurse der Garnison beginnen konnten. In den Hauptfangzeiten der Hummerfischerei wurde mit
rücksichtsloser Schärfe der gesamte Sektor von Nordwest bis
über Nordost hinaus für die Fischerboote gesperrt. An jedem
schönen Fangtag erschien um 8 Uhr das Schleppflugzeug.
Nach Auslassen der Scheibe stiegen auf der Signalstation die
Sperrflaggen auf, und bald darauf krachten die ersten Salven.
Nordspitzen- und Dünenbatterien nahmen an den Übungen teil,
und an jedem Schießtag mußten die Fischer von Nathurnbrun-
nen, Wittkliff und Sellebrunnen ihre Fangplätze im Stich lassen
oder konnten nur einen Teil des Geräts bearbeiten, selbst
wenn sie schon vor der Dämmerung ausgefahren waren. Nur an
den Nebeltagen waren die Helgoländer in ihrem Element und
konnten im Schutze grauer Schwaden ihrem Geschäft nachgehen. Um die Entschädigung der entstandenen großen Ausfälle
gab es lange und hartnäckige Kämpfe, die schließlich beigelegt
wurden, als Berlin drei Fünftel der geforderten Beträge zahlte.
Da sich der Hummerpreis stabilisierte, hätte die Hummerfischerei wohl ihren Mann ernähren können, wenn nicht der
Festungsbau so viele Ausfälle verursacht hätte.

Mit der Erwerbsergänzung, dem Bad, ging es auch mehr und
mehr bergab. Stammgäste und Segelboote waren für immer
verschwunden. Dafür promenierten die Festungsarbeiter vor
der Kurmusik, ohne Kurtaxe zu zahlen, und taten sich an dem
zollfreien Alkohol gütlich, um dann gröhlend die stillen Straßen
zu durchziehen. Dr. Meunier als Gemeindeoberhaupt hatte
inzwischen ein endgültiges Judenverbot erlassen und in selbst-
herrlicher Souveränität das alte Kurhaus für unrepräsentativ
erklärt, worauf es abgerissen wurde. In einem Anfall von Grö-
ßenwahn wurde mit Mitteln, die die Kräfte der Gemeinde bei
weitem überstiegen, ein neues Prachtgebäude errichtet, das für
das ständig zurückgehende Bad eine reine Persiflage darstellte.

Um die Bewirtschaftung dieses Kurhauses bewarben sich auch Helgoländer Hoteliers, aber man gab sie zu lächerlich günstigen Bedingungen an den Berliner Bahnhofsgaststättenpächter Dr. Pralow, Parteimitglied und, wie man sich erzählte, Freund des Führers. Unter Außerachtlassung aller alten Gewohnheiten und Gesetze erhielten die dienstbaren Geister des Regimes von der Gemeindeverwaltung Grundstücke aus Gemeindebesitz für den Bau von Wohnhäusern zugewiesen, was bislang nur mit Einwilligung der gesamten Gemeinde in Form einer öffentlichen Versteigerung bei gleichem Recht für alle möglich war. Parteistellen verfügten so über den Besitz der Inselgemeinschaft, der nun parteihörigen Habenichtsen anheimfiel. Das Jahr 1938 brachte weitere Arbeitermassen, weiteres Dröhnen und Ächzen von Baggern, Betonmaschinen und Preßlufthämmern sowie eine weitere Steigerung des Flakschießens. Zusammengedrängt in den Häusern und Gassen ihres Fischerdorfes lebten die Helgoländer nunmehr nur noch als verschüchterte Minderheit, umtost vom Lärm eines gewaltigen Aufbauwerkes, übertönt vom Leben einer überstarken Militärbesatzung und Arbeiterschaft und verfolgt von den sadistischen Hetzmethoden einer erbarmungslosen Parteipolitik. Schon im Frühjahr desselben Jahres wurde die Nordseewoche abgesagt und ein striktes Ausländerverbot für die Insel erlassen. Dies bedeutete den Schlußstrich unter den Abschnitt »Weltbad«. Zunehmende Befestigungen brachten die Absperrung größerer Teile des Oberlandes mit sich, so daß nur noch einige wenige Wege für die Besucher blieben, von denen aus die landschaftliche Schönheit der Insel natürlich nicht mehr zu erschließen war. Ein Fotografierverbot folgte, nach dessen Erlaß jeder Besucher seinen Apparat beim Betreten der Insel abzugeben hatte, um ihn beim Verlassen wieder in Empfang zu nehmen. Die einmalige rote Felseninsel war für Filme tabu geworden. Trotzdem spien die Bäderdampfer Tag für Tag Tausende von Menschen der KDF (Kraft durch Freude) an Land, die durch die engen Straßen hasteten und drei Stunden lang ein von der Technik vergewaltigtes Naturwunder bestaunen durften.

Unwirklich, gespenstisch war den Helgoländern das Leben auf ihrer eigenen Insel geworden. Vorabend zur Götterdämmerung schien den Alten dieses Spiel. Besonders hart wurden die Insulaner durch das Verbot getroffen, ihre Flagge zu zeigen, das Dr. Meunier im gleichen Sommer erließ. Die Farben Grün, Rot, Weiß - des Grases, des Felsens und des Sandes -, die ein militärischer Wahnsinn schon weitgehendst ausgelöscht hatte, mußten nun auch von den Häusern und Booten der Insel verschwinden. Als der Herbst kam und weitere Geschütze und Meßgeräte sich eisern und drohend in den Himmel reckten, schienen die Äquinoktien dem friesischen Helgoland das Sterbelied zu singen. In hoffnungslosem Gehetztsein kam der nächste Sommer, und als sich das mächtige Großdeutschland anschickte, das letzte Helgoländertum auszulöschen, entzündete Hitlers Wahnsinn die Welt.

Helgolands Kriegsschicksal

Mit einem Schlag erlosch jedes Strand- und Badeleben, als deutsche Armeen in Polen einfielen und der Krieg mit Frankreich und England entbrannte. Die schnellen Bäderdampfer jagten jetzt im Tarnanstrich, mit Minen beladen, an der Insel vorbei westwärts, um den vielgepriesenen Westwall der Nordsee zu legen. Ein Admiral übernahm als militärischer Befehlshaber die Geschicke der Insel, damit dem Nazi-Bürgermeister den Wind aus den Segeln nehmend und der Bevölkerung eine gewisse Entlastung bringend. Der mit einem Aufwand von 70 Millionen Mark wiederhergestellte Hafen stand den deutschen Seestreitkräften für ihre Aktionen zur Verfügung, und auf der Düne wurde fieberhaft gearbeitet, um den Flugplatz zu vollenden, der so schnell wie möglich Aufklärung und Jäger aufnehmen sollte. Abgesehen von einigen Luftalarme blieb es für die

Insel vorerst ruhig. Nur Minenleger, Räum- und Schnellboote benutzten den Stützpunkt. Als englische U-Boote in die deutsche Bucht eindrangen, um dort einige Schiffe, unter anderem den Kreuzer »Leipzig« zu torpedieren, wurde gleich hinter den Klippen der Insel eine Stufensperre gegen U-Boote gelegt, der später mehrere Helgoländer Fischerboote mit ihren Besatzungen zum Opfer fallen sollten. Da in diesem Krieg mit englischen Flottenoperationen in der Deutschen Bucht nicht zu rechnen war, Helgoland also als Seefestung jegliche Bedeutung verloren hatte und außerdem der Luftkrieg ganz andere Möglichkeiten der Zielerreichung mit sich brachte als der Erste Weltkrieg, ließ man die gesamte Bevölkerung auf der Insel. Der Hummerfang wurde weiter ausgeübt und die aus dem Saisonbetrieb freigewordenen Boote für den Dorsch- und Makrelenfang eingesetzt, der bei guter Witterung reichliche Erträge brachte. Doch schon der erste Kriegswinter brachte bedenkliche Ereignisse, als ein außergewöhnlicher Kälteeinbruch in Europa die Nordseehäfen mit gewaltigen Eisfeldern blockierte und die deutsche Marineleitung ihren U-Bootskrieg mit den neuen Magnetminen und Elektrotorpedos wirksam von Helgoland aus weiterführen konnte. Hier trafen sich die Größen der deutschen U-Bootswaffe, wurde mit Proviant, Brennstoff und Torpedos neu versorgt und konnten im freien Wasser zu neuen Operationen auslaufen. Den Helgoländern schien es ein reichlich bitteres Lehrgeld für England, ihre Vorschläge und Warnungen der Jahre 1919 bis 1923 in den Wind geschlagen und alle Chancen ungenützt verstreichen lassen zu haben. Zugleich aber rechneten sie mit Gegenmaßnahmen der Westmächte und damit ernstlicher Gefährdung ihres eigenen Schicksals.

Der deutsche Angriff auf Norwegen im Frühjahr 1940 brachte noch einmal Leben in die Deutsche Bucht und somit stärkere Beanspruchung der Insel. Nach vollzogener Besetzung Norwegens jedoch verlagerte sich das Schwergewicht des Seekrieges mit vorwiegenden Minen-, U-Boots- und Hilfskreuzerunternehmungen auf die geschützten Häfen der skandinavischen Küste. Helgoland sank zu einer bedeutungslosen Etappenstation

herab, zumal die dann einsetzende deutsche Offensive alle Aufmerksamkeit zum Westen lenkte. Nach Abschluß des Frankreichfeldzuges konzentrierten sich die gesamten Anstrengungen der Seekriegsführung auf die französischen Häfen, in denen auch bald mächtige U-Bootsbunker und Werkstätten entstanden. So kamen ruhige Monate für die Insel, in denen die Bevölkerung ungestört der Fischerei nachgehen konnte und von den kriegerischen Ereignissen der Welt wenig spürte, es sei denn, daß der Ausbau der Festung merkliche Fortschritte machte und der Torpedoboothafen sowie der Flugplatz der Düne ihrer Vollendung entgegengingen. Im Spätsommer 1940 jedoch wurden in rascher Aufeinanderfolge fast alle wehrfähigen Männer der Fischerei von der deutschen Marine einberufen und in die Kanalhäfen geschafft, um bei der bevorstehenden Invasion nach England Verwendung zu finden. Bittere Stunden folgten für die alten Helgoländer, denen von Anfang an mit großer Klarheit vor Augen stand, daß nur die Überwindung des faschistischen Deutschlands durch die freie Welt ihre eigene Leidenszeit beenden würde. Nur durch die Niederringung des deutschen Imperialismus konnte die Last der militärischen Einrichtungen und Vorhaben von den Schultern der kleinen Insel genommen werden. Doch die freie Welt schien keines Widerstandes mehr fähig, und nun sollten gar noch die Söhne der Insel mithelfen, das letzte Bollwerk, die letzte Hoffnung freiheitsliebender Menschen - England - zu vernichten. Doch Herbst und Winter verstrichen, und ein neuer Frühling ging über die Nordsee, ohne Invasion. Auf Helgoland blühte neue Hoffnung auf. Die Erträge der Fischerei waren reichlich, denn schon fast zwei Jahre lang lagen weite Räume der Nordsee unberührt, so daß sich die Fischbestände erholen konnten. Doch an einem stillen, heiteren Frühlingsnachmittag des 13. Mai 1941 griff das Kriegsgeschehen jäh wieder in das Inselleben ein. Sechs englische Bomber hatten eben über dem Meeresspiegel die Insel angeflogen, hüpften über den Klippenrand und warfen ihre Bomben quer über die Ortschaft. In wenigen Sekunden war alles vorbei. Als sich der braune Staub verzog, lagen Fischerhäuser des Ober- und Unterlandes in Trümmern, und der kleine Friedhof bekam ein paar Gräber mehr. Einige Tage darauf, am 21. Mai, vollzog sich dieses Ereignis noch einmal und ließ jetzt größere Lücken in den Straßenzügen zurück. Offensichtlich hatte die militärische Leitung geschlafen, und die Helgoländer trösteten sich mit der Vorstellung,

daß sicher nur ein eigenmächtiges Handeln kleiner Formationen auf englischer Seite diesen Zwischenfall verursacht hätte, und ließen sich in ihrer Fischerei nicht stören. Der Inselkommandant nahm dieses Ereignis zum Anlaß, die leichten Flakbatterien erheblich zu verstärken und Sperrballons anzufordern, die weitere Überraschungen ausschließen sollten.

Im Herbst 1938 geht der Blick von dem Bäderdampfer »Königin Luise« auf Helgoland. Das Kurhaus von 1893 ist zu dieser Zeit im Umbau. Noch fehlt das charakteristische hohe Walmdach.

Am 13. Mai 1941 hinterließ der Angriff von sechs britischen Bombern auf Helgoland deutliche Spuren. Im Ober- und Unterland wurden mehrere Häuser zerstört. Auch das Nordseemuseum am Siemensplatz wurde von Bombensplittern getroffen.

Der im Sommer erfolgende Überfall auf Rußland brachte wieder unbekümmerte Ruhe und Vergessenheit für die Insel. Noch im Herbst begann die Marine mit dem Bau eines mächtigen U-Bootsbunkers, dessen Emporwachsen die Helgoländer mit steigender Besorgnis verfolgten. Der mit äußerster Heftigkeit tobende Krieg in Rußland ließ Helgoland für längere Zeit ungeschoren, was Fliegeralarm und Fischerei anging. Die Parteifüh-

rung unter Dr. Meunier aber sah in dem männermordenden Rußlandfeldzug eine günstige Gelegenheit, auch die letzten Träger des friesischen Widerstandes samt ihren Nachkommen beiseitezuschaffen. So erfolgten ab Herbst 1941 nur noch Einberufungen zum Heer, und die Wehrpässe früher hervorgetretener Helgoländer oder deren Söhne trugen den Parteivermerk, daß der Betreffende als Sohn englischer Eltern oder Nachkomme eines Separatistenführers in vorderster Linie an der Ostfront einzusetzen sei. Das Kriegsjahr 1942 brachte keinerlei bemerkenswerte Eingriffe in das gleichförmige Inselleben. Keine Bombenangriffe, wenig Alarme und somit für die Insulaner ein ruhiges Fischerdasein, in dem nur der Badebetrieb und die Männer fehlten. Längst war den in der Welt herumgekommenen, weitsichtigen Helgoländern klargeworden, daß Deutschland das Spiel verloren hatte. Aus einem gewissen Wissen um die Dinge griff eine ruhige Zuversicht um sich. Was auch noch kommen mochte, die letztliche Befreiung von der Naziherrschaft, das Wieder-Loswerden der Festungsanlagen und die Wiedererlangung aller Freiheiten als Seebad und Fischerplatz schien gewiß.

Von den älteren Helgoländern waren viele in Amerika gewesen, und es gab zahlreiche Familien, die Angehörige dort hatten. Durch diesen Blick in die Welt herrschte über die Bedeutung des Kriegseintritts der Vereinigten Staaten kein Zweifel, man wußte, daß das gewaltige industrielle Potential dieses mächtigen Landes einmal zum Tragen kommen mußte. Dieser Moment trat mit der neuen Phase der »fliegenden Festungen« ein. Nachdem die ersten riesigen Pulks, von der Nordsee kommend, die Insel passiert hatten, um nach getaner Arbeit vom deutschen Festland wieder westwärts zu fliegen, war jedem Helgoländer klar, daß das Inselschicksal nicht mehr von der Aufmerksamkeit und Feuerkraft der deutschen Flak abhing, sondern von der Barmherzigkeit der anderen Seite. Sie vertrauten der Einsicht der alliierten Führung über die Bedeutungslosigkeit Helgolands für die deutsche Rüstung und Widerstandskraft, dabei wissend, daß die Laune eines Staffelführers die Inselgeschichte abschließen konnte. So sahen die Insulaner durch lange Wochen und Monate die schweren Bomberverbände nach Deutschland einfliegen und zurückkehren. Am 15. Mai 1943 gegen 12 Uhr mittags näherte sich ein Verband von ca. 60 viermotorigen amerikanischen Bombern der Festung, flog von Osten her die Düne an und nahm Kurs auf die Insel. Die heimkehrenden Hummerfischer liefen gerade die Landungsbrücke an, als mit schrillem Heulen eine Wand von Gischt und Feuer von der Düne über die Reede zur Insel tobte, den Felsen in braune Staubwolken hüllte und im Westen verschwand. Die kleine Gemeinde erlitt schwere Einbußen an Häusern und Menschen, selbst die Fischerflotte hatte Verluste, während die Einrichtungen der Festung nicht den geringsten Schaden nahmen. Für die Bevölkerung begann darauf eine Leidenszeit, die schwerlich mit Worten wiederzugeben ist. Die rollenden Luftangriffe der englischen und amerikanischen Luftwaffe gegen Deutschland hielten die Insel in einem dauernden Alarmzustand. Jedes in die Deutsche Bucht einfliegende Flugzeug löste auf Helgoland Alarm aus, und erst das zuletzt westwärts fliegende brachte Entwarnung. So ging es unentwegt, Tag und Nacht. Es gab Tage, an denen die Bevölkerung sechs bis sieben Stunden in den Kellern verbrachte, und als gar die schweren Nachtangriffe gegen deutsche Großstädte einsetzten, wurden die Nächte zum Schauplatz eines Bunkerlebens trostlosester Prägung. 1943 wurden auf Veranlassung der Gemeinde unter der Ortschaft 14 m tiefe Stollen angelegt, die nach Fertigstellung die gesamte Bevölkerung aufnehmen mußten, da die militärische Leitung der Insel ihre Festungskasematten nicht länger für Luftschutzzwecke hergeben wollte. Die Eingänge zu diesen bombensicheren Unterständen wurden so angelegt, daß die Einwohner sie schnell erreichen konnten, und dieser Umstand sollte später vielen Insulanern das Leben retten. Die weiterhin zunehmende Verlagerung in der Luftherrschaft brachte für Helgoland Folgen von einschneidender Bedeutung. Das Inselleben der Zivilbevölkerung wurde zu einem einzigen Bunkeraufenthalt, und wenn auch die Fischer wegen der Einflüge der Alliierten wenig Bedenken hatten, ihre Fangtätigkeit aufzugeben, wurden sie dennoch dazu gezwungen durch das beim Nahen von Flugzeugen von der Insel einsetzende rasende Abwehrfeuer. Man war jetzt dazu übergegangen, neben der schweren Flak auch die Küstenbatterien bis zum größten Kaliber von 30,5 cm gegen die Pulks der fliegenden Festungen einzusetzen.

Das Jahr 1944 brachte eine neue Phase durch den zunehmenden Einsatz von Jagdbombern und Flugzeugminen, mit denen die Küstengebiete und Flußmündungen derartig verseucht wurden, daß Helgoland oftmals für längere Zeit ohne Festlandsverbindung war. Beim Einsetzen der Invasion gab es zwar eine kurze Entlastung, die aber mit einem Schlag abbrach und sich in das Gegenteil verwandelte, als die Kanalhäfen verloren oder stark gefährdet waren und Helgoland wieder Basis und Sammelpunkt der Seestreitkräfte wurde. Der inzwischen fertiggestellte U-Bootsbunker wurde belegt und die Insel Stützpunkt für U-Bootserprobung und Indienststellungsfahrten. Am 15. Oktober 1944 erfolgte ein schwächerer Angriff leichter Jagdbomberverbände, der durch Einsatz von Brandbomben eine Feuersbrunst verursachte. Die Fischerschuppen mit Benzinvorräten sowie ihren geteerten Fischereigeräten waren erfaßt worden, aber da die Anflüge weiterer Bomberformationen gemeldet waren, ließ Dr. Meunier, als letzte Instanz aller Gemeindeangelegenheiten, seine geliebte Feuerwehr, in der seine Freunde und Günstlinge Aufnahme gefunden hatten und dadurch dem Kriegsdienst durch U. K.-Stellung entgingen, die Bunker aufsuchen. Als nach längerer Zeit Entwarnung gegeben wurde, war das ganze nördliche Unterland mitsamt der Post und dem Heimatmuseum bis auf die Grundmauern niedergebrannt. Die Ortschaft war nun unauslöschlich vom Kriege

Zur Verteidigung Helgolands wurden weite Flächen des Nordostlandes und der Düne vermint. Die Aufnahme zeigt die Entschärfung einer Mine nach der Freigabe Helgolands.

gezeichnet, und es herrschte bei den Helgoländern erstaunliche Klarheit darüber, daß der nächste Angriff das absolute Ende bringen könnte. Die anschließenden Monate brachten durch verzweifelte Offensivanstrengungen im Westen und grausame Abwehrkämpfe im Osten die letzten Menschenaufgebote der deutschen Führung. Die wahnwitzige Volkssturmaushebung wurde auch auf Helgoland durchgeführt und erfaßte selbst die alten, englisch geborenen Helgoländer. Zugleich mußte die Marine ihre noch vorhandenen Menschenreserven an das Heer abtreten, das seine letzten Kräfte an die Ostfront warf. Für die Offiziere, Beamten und Techniker der Festung ging es nun um die Frage »wie halte ich hier meine Stellung, wie entgehe ich dem Heldentod oder der russischen Gefangenschaft«. Mit unglaublicher Vielseitigkeit und Geschicklichkeit machte man die Marineleitung glauben, daß die Insel der größten Invasionsgefahr ausgesetzt sei und eine Instandsetzung für den letzten, verzweifelten Widerstand erheische. Im Bauen von Verteidigungseinrichtungen suchte man seine Existenzberechtigung zu beweisen. So wurde der ganze Strand von Düne und Insel mit Stacheldraht bespannt und mit Minen verseucht. Gegen Landungsboote legte man in das Niedrigwasser der Küste unzählige Kapselminen, und schließlich versenkte man in den Hafeneinfahrten zahlreiche Torpedoköpfe, die von Land aus elektrisch gezündet werden konnten. Alle Zugänge zum Oberland wurden mit Sprengladungen versehen, die Treppe besonders gesichert und selbst der Klippenrand voller Stacheldraht gehängt. Alle Eingänge zu den Luftschutzbunkern und Festungskasematten, die sich im Unterland befanden, wurden mit Sprengladungen gesichert, um sie bei einer geglückten Feindlandung zum Einsturz bringen zu können. Schließlich schaffte man Proviant für mehrere Monate auf die Insel und ersetzte den menschlichen, aus alter Schule stammenden Inselkommandanten durch einen an den Endsieg glaubenden, parteizuverlässigen Fanatiker. Helgoland schien nunmehr für alle Ereignisse gerüstet und konnte dem Endkampf entgegensehen.

Der Kampf
mit dem Wahnsinn

Haßgetriebene Parteistellen und rachsüchtige Regierungskreise, die den Helgoländern ihren Freiheitskampf nie vergaßen, hatten dafür gesorgt, daß die Mannesblüte des kleinen Inselvölkchens in den deutschen Waffenrock gezwängt wurde, der die Wahl zwischen Töten und Sterben läßt. So dienten Helgoländer bei Marineeinheiten am Kanal, in der Nordsee, im finnischen Meerbusen, im Schwarzen und im Mittelmeer. Als Landser marschierten sie durch die endlosen Weiten Rußlands und lagen im afrikanischen Sand, ohne zu wissen wofür und warum. Wohl hatte durch Jahrhunderte die Nordsee ihre Toten gefordert, aber noch nie hatten Helgoländer Soldatengräber in fremder Erde gelegen, noch nie waren freie Friesen für einen unersättlichen Machthunger hingeschlachtet worden. Diese von unbändiger Freiheitsliebe erfüllten Männer hatten den Zwang der Kriegsmaschine mit all ihrem unermeßlichen Grauen nur ertragen können in dem Gedanken an ihre Heimatinsel als Inbegriff von Freiheit, Heimat und Vaterland. So entsetzlich die Erlebnisse des Festlandgeschehens für Inselmenschen auch sein mochten, so hoffnungslos das deutsche »Siegen« zuletzt auch schien, im Herzen trugen sie alle das Bild ihrer Insel und das Bewußtsein, dort Ruhe und Frieden finden zu können, wenn Anarchismus und Auflösung über Deutschland hereinbrechen würden. Diese Gewißheit, einmal aus dem Wahnsinn einer von Sinnen scheinenden Festlandwelt entrinnen zu können, ließ sie alles ertragen. Vielen zum Kriegsdienst gepreßten Helgoländern bot sich im Verlaufe der Kampfhandlungen die Gelegenheit, in die Gefangenschaft kommen zu können. Wenn dieser Weg nicht beschritten wurde, so sicher nicht aus einem Gefühl für Volk und Vaterlandsehre, sondern nur aus der klaren Erkenntnis, bei dem unvermeidlichen Zusammenbruch des Naziregimes dabeisein zu müssen, der Heimat-

insel beizustehen beim Abstreifen des Terrors und Festungszwanges, beim Beseitigen der lästigen Fremdkörper und beim Abwehren der zu erwartenden Anarchie. So entstand die Helgoländer Widerstandsbewegung, deren Männern aus geschichtlicher Überlieferung klar vor Augen stand, daß das Schicksal der Insel von dem des Großdeutschen Reiches rechtzeitig getrennt werden mußte, um auch diesmal Helgoland über alle Wirren und Zusammenbrüche hinwegzubringen. Diese Erkenntnis erforderte Maßnahmen, die angetan waren, den zu erwartenden letzten deutschen Verzweiflungswiderstand um jeden Preis zu verhindern.

Erich Friedrichs, den die Helgoländer Eäk Fink nannten, hatte als verschworener Gegner des Naziregimes Pläne ausgearbeitet, um die Insel kampflos übergeben zu können. Ohne seiner Frau und seinen Freunden ein Wort zu sagen, ging er mit fanatischer Entschlossenheit an die Durchführung der vorgesehenen Pläne, denn schon standen die englischen Truppen im Gebiet Weser-Ems, und jeden Tag konnte der vernichtende Schlag gegen die Insel geführt werden. Ohne Rücksicht auf die Sicherheit seiner eigenen Person warb er um Gleichgesinnte und hatte bald so viele entschlossene Männer für sich gewonnen, daß der Sprung in die Freiheit gewagt werden konnte. Als man schließlich Funkverbindung mit England hergestellt hatte, entschloß man sich, am 18. April 1945 dem Schicksalsrad in die Speichen zu greifen. Da auf dem deutschen Festland der Widerstand im Zusammenbrechen war, vertraute man in gewisser Weise auf die Kriegsmüdigkeit der Besatzung und ihren Wunsch, so schnell wie möglich nach Hause zu kommen. Englische See- und Landstreitkräfte sollten bereitstehen, und während die Insel unter Vollalarm lag, wollte man die Festung an die englischen Einheiten übergeben. Erich Friedrichs hatte den englischen Kommandos versichert, daß weder auf Flugzeuge noch Schiffe ein einziger Schuß der Abwehr fallen würde. Bei planmäßigem Ablauf konnte innerhalb einer Stunde der Krieg für Helgoland zu Ende und ein neuer Abschnitt der Inselgeschichte eingeleitet sein.

Über Erich Friedrichs, genannt Eäk Fink, und sein Vorhaben, Helgoland am 18. April 1945 zu befreien, ist bis heute kaum etwas bekannt. Die einzige Erinnerung auf Helgoland ist sein Grabstein auf dem Friedhof, auf dem steht: »Erich Friedrichs * 2.11.1890 † 21.4.1945«.

Der Untergang einer Inselgeschichte

Am 18. April 1945 morgens um 5 Uhr tobte wilder Lärm durch die Straßen der Insel. Bewaffnete Offiziere und Mannschaften rannten umher, Gewehrschüsse knatterten, und einsetzender Küstenalarm rief die Soldaten auf ihre Gefechtsstationen. Trupps der auf der Insel stationierten Kampfverbände rasten durch die Ortschaft und verursachten ein heilloses Durcheinander, so daß die Bevölkerung nicht wußte, ob eine englische Landung bevorstand oder eine Revolution ausgebrochen sei. Doch das Schicksal hatte anderes vor. Ein den Menschen unfaßbares Gesetz hatte sich des Verrats bedient, um Ereignisse ablaufen zu lassen, die als Krönung dem Tausendjährigen Reich noch gefehlt hatten. Mit einem lauten Krach warf man die Tür beim Abtreten hinter sich zu. Erich Friedrichs und seine Vertrauensmänner wurden verhaftet und mit einem Schnellboot nach Cuxhaven gebracht. Ein von Hitler eingerichtetes Kriegsgerichtsverfahren fällte erbarmungslos sein Urteil, und noch einmal sollte das große Friesenwort »Lewer dod as Sklav« Lebendigkeit erlangen, als der Helgoländer Friese Erich Friedrichs vor den Gewehren eines Exekutionskommandos stand. Im Toben eines deutschen Widerstandswahnsinns verhallte die Salve eines Mörderregimes.

Auf der Insel nahm das Schicksal seinen Lauf. Der an einigen Stellen aufflackernde Widerstand der Garnison wurde schnell durch die noch an einen Sieg glaubenden Kampfverbände gebrochen. Anfliegende Aufklärungsflugzeuge wurden durch rasendes Abwehrfeuer begrüßt, und am selben Morgen ergingen von englischer Seite drei Aufforderungen zur Übergabe an den Kommandanten. Dreimal wurde abgelehnt mit dem Hinweis, getreu dem Fahneneid die Insel bis zum letzten Atemzug verteidigen zu müssen. Die 2000 Helgoländer hatte man nicht gefragt. Um 12 Uhr schrillten Sirenen Vollalarm, und die

Bevölkerung begab sich in die Felsenbunker, nicht wissend, daß es das letzte Mal sein sollte. Die schweren Stahltüren wurden geschlossen, und die Flak eröffnete Feuer auf anfliegende Bomberverbände. Große Einheiten passierten die Insel im Norden und Süden, drehten dann bei und flogen die Insel von Osten an. Um 12.22 Uhr, der historischen Minute einer seltsamen Inselgeschichte, sollte die technische Zivilisation beweisen, wessen sie fähig war. Die Inselflak brüllte aus sämtlichen Rohren auf, und Sekunden später raste eine Wand von Feuer und Eisen über die kleine Badedüne, tobte in brodelndem Gischt über das Wasser und warf sich raubtiergleich auf die rote Felseninsel. Jahrelang hatten deutsche Festungs- und Waffenspezialisten unter Aufwand von Millionen und Abermillionen hier die modernsten Einrichtungen geschaffen. Als militärisches Schaufenster hatte man die Inselfestung herumgereicht, und nun löschte die erste Bombenwelle jegliches Leben auf ihrer Oberfläche aus, ließ kein einziges Geschütz intakt und nur einen unbrauchbaren Felsenhaufen hinter sich. Ein zweistündiges infernalisches Trommeln ging dann über das kleine Eiland. Der Sandsteinblock wurde bis in seine Grundfesten hinein erschüttert, Staub erfüllte die Bunkergänge, deren Wände aufrissen. Die Eingänge brachen zusammen, und unentwegt dröhnte das Rollen abstürzender Felsmassen. Das Licht erlosch, Frauen und Kinder schrien in Todesangst, und die alten Helgoländer, im Kampf mit der See mutig und hart geworden, saßen blaß und zitternd da. Mit jedem Bombenaufschlag hämmerte sich ihnen die Erkenntnis ein, daß sie in diesen Minuten aufhörten, Helgoländer zu sein. 120 Minuten pausenloses Schmettern, Krachen, Heulen und Kreischen - das war kein Bombenangriff mehr, das war Weltuntergang. Als danach Ruhe eintrat, mußte es die Ruhe des Todes sein.

Die aus den Felsenhöhlen kriechenden Helgoländer fanden keine Spur ihres einstigen Lebensraumes mehr. Ober- und Unterland waren ein von Holz- und Steintrümmern übersätes Kraterfeld. Keiner fand die Straße mehr, in der er einst gewohnt hatte, niemand wußte, wo sein Haus einst gestanden

Am 18. April 1945 wurde Helgoland von 1000 alliierten Bombern in drei Großangriffen von 104 Minuten Dauer bombardiert. 128 Menschen mußten ihr Leben lassen. Das Bild zeigt die nahezu vollständige Zerstörung des Unterlandes.

hatte. Riesentrichter hatten aus der Insel eine Mondlandschaft gemacht. An einigen Stellen war die Felskante verschwunden, auf schrägem Geröllhang konnte man überall ins Oberland gelangen. Auf dem weiten Hafengelände stand von den klotzigen Marinebauten nichts mehr. Im Hafen treibende Holzplanken zeigten, wo einst Helgoländer Brandungsboote gelegen hatten, einige Mastspitzen deuteten gesunkene, größere Fahrzeuge an. Die Landungsbrücke war total zerfetzt, die an den Strand gezogenen Hummerkästen und Boote zu Kleinholz zerhackt, die Fischerschuppen und Buden vom Erdboden fortgefegt und die Reste von wilden Flammen erfaßt. Auf dem Oberland die höchste Potenz aller Grausigkeit. Das Inselsymbol, der grün-rot-weiße Leuchtturm, das einstmals zweitgrößte Leuchtfeuer des Kontinents, aus seinem Fundament gerissen und auseinandergebrochen, die Helgoländer Wachmannschaften unter seinen schweren Trümmern begrabend. Die Signalstation zerschmettert, die riesigen Kasernen wüste Trümmerhaufen, das Backsteinkirchenschiff von St. Nikolai von Riesenhänden fortgerissen. Der Kirchturm stand, wurde aber am nächsten Tag auf Befehl des Kommandanten umgelegt, da man ihn bei der bevorstehenden Verteidigung für hinderlich hielt. Der mitten zwischen den Häusern liegende Friedhof, ein schreckliches Trümmerfeld, kaum noch ein Grabstein zu finden. Von den kleinen, traulichen Straßen mit den alten Fischerhäuschen und Gärten voller Rosen, Goldlack, Nelken und Feigenbäumen nicht die geringsten Spuren mehr. Durch Jahrhunderte Geschaffenes in Minuten ausgelöscht. Solche Möglichkeiten durften die Menschen schon stolz sein lassen! Inmitten dieser Trümmerwüste standen nun die Helgoländer und erwiesen sich als echte Inselmenschen, trotzige Friesen, denen Kampf im Laufe der Jahrhunderte zum Element geworden war. Die Vergangenheit war ausgelöscht, doch die Insel stand, ihr gehörte die Zukunft, ein Leben ohne sie gab es nicht, also mußte neu angefangen werden. Doch inzwischen war die militärische Führung zur der Auffassung gelangt, daß ein weiterer Aufenthalt der Zivilbevölkerung in den Bunkergängen ohne Wasser, ohne Schlafmöglichkeiten und ohne sanitäre Einrichtungen nicht möglich sei. Eine Evakuierung der gesamten Bevölkerung wurde angeordnet. Die den Festländern unfaßbare, ja unbegreifliche Liebe der Inselfriesen zu ihrem roten Eiland ließ einen unerwarteten Widerstand erstehen. Unter allen möglichen Vorwänden wurde versucht dazubleiben, doch die Führung blieb unerbittlich, weil sie die Insel wieder in Verteidigungszustand setzen wollte, und befahl in den zwei darauffolgenden Nächten die resolute Räumung. Erschütternde Abschiedsszenen haben sich abgespielt, als die Frauen und Kinder, nur mit Handgepäck ausgerüstet, in dunkler Nacht

Beim Bombenangriff am 18. April 1945 wurden auch die neu errichteten Gebäude auf dem Nordostgelände weitgehend zerstört. Das Offizierskasino in der Bildmitte (heutige Nordseehalle) blieb weitgehend unzerstört.

über die Trümmerfelder ihrer Heimatinsel an Bord der Vorpostenboote gingen. Sie kamen auf ein in Auflösung befindliches Festland, wo müde Soldaten nordwärts zogen und die Bordwaffen der Tiefflieger über die Straßen ratterten. In irgendeinem Hafen der schleswig-holsteinischen Küste an Land gesetzt, fanden sie sich im Stroh der Bauernscheunen und Dorfschenken wieder. Eben dem Grauen eines Vernich-

Das Bombardement am 18. April 1945 hinterließ auf dem Oberland eine Trümmerwüste. Der Flakturm (heutiger Leuchtturm) blieb erhalten.

bunker gelegt worden, da die Unterstände und Kasematten eingestürzt und verschüttet waren. Verantwortungslose Offiziere hatten den Mannschaften bekanntgegeben, daß die Helgoländer nicht zurückkehren dürften und die Insel den Engländern in wenigen Tagen in die Hände fallen würde. Bevor nun aber der Feind ans Beutemachen ging, sollte jeder getrost nehmen, was er gebrauchen und tragen könne. Die Plünderungsorgien, die darauf durch das Helgoländer Eigentum tobten, sind mit Worten nicht zu fassen. Jeder Koffer, jedes Bündel wurde entleert, und was nicht mitzuschleppen war, in den Staub getreten. Helgoländer Familien wurden ihrer letzten Wäsche, ihres einzigen Kleiderbestandes beraubt.

Die Insulaner bargen in mühevoller Arbeit ihre Toten und wollten sie der Heimaterde übergeben. Eine Bestattung auf dem Friedhof, der durch viele Jahrhunderte die Gebeine aller Helgoländer aufgenommen hatte, war wegen der riesigen Sprengtrichter unmöglich. Man entschloß sich deshalb, die Gräber auf dem Nordostgelände anzulegen, wurde aber daran gehindert, da hier weitere Verteidigungsmaßnahmen gegen eventuelle Landungen getroffen werden sollten. Es erging ein Befehl, die Toten auf See zu bestatten. Ein ungeschriebenes Gesetz vieler Jahrhunderte hatte die Helgoländer die Leichen der Nordsee bergen lassen. Die Unkenntlichen hatten auf dem Friedhof der Heimatlosen ihre letzte Ruhe gefunden, und jetzt sollten sie ihre eigenen Toten dem Meere überlassen? Nimmt es wunder, daß sie sich diesem Befehl auf das heftigste widersetzten? Trotz allem zwang man sie, ihre Toten mit den Gefallenen der Festung zusammen auf Räumboote zu geben, die an vier Tagen in der Abenddämmerung, sechs Seemeilen von der Insel entfernt, die Leichen der See übergaben.

Die Garnison selbst hatte schwere Verluste gehabt. Volltreffer hatten die Geschützstellungen eingeebnet, die Armierung über Kopf geworfen, Befehlsstände zerschmettert, Kasematten zum Einsturz gebracht und selbst die tiefen Verbindungsgänge durchschlagen. Für die Geschützbedienungen muß es die Hölle gewesen sein. Ein junger Kadett wurde mit schneeweißem

tungskrieges entgangen, hier nochmals einem ungewissen Schicksal entgegensehend, denn immer noch dauerte der Wahnsinn eines selbstmörderischen Widerstandes an.

Die zum Volkssturm gepreßten zurückgebliebenen Insulaner gruben und suchten in den Trümmern, um Brauchbares zu bergen. Vor allem galt es, die in den Gemeindebunkern untergebrachte Habe zu retten, aber hier spielten sich scheußliche Szenen ab. Die militärische Besatzung war in die Luftschutz-

Die Toten des Bombenangriffs wurden auf die Räumboote gebracht und unweit von Helgoland der See übergeben.

Durchmesser hinterließen. Trotzdem ließ der Inselkommandant weitere Verteidigungsmaßnahmen treffen. Die Bunker wurden ausgeschaufelt und abgestützt, die Wasserversorgung geregelt, Licht neu gelegt und Wege durch die Trümmer geschaffen. Doch am 1. Mai kam die Reaktion, die grundlegende Erschütterung der deutschen Moral, als nach dem Selbstmord Hitlers auch dem einfachsten Manne die Hoffnungslosigkeit der deutschen Situation klar wurde. Am 8. Mai kapitulierten die gesamten deutschen Streitkräfte. Helgoland, wenn auch jeglicher menschlichen Siedlung entblößt, war wieder frei. Am selben Tag versammelte der Kommandant die Formationen der Flak, der Küstenartillerie, der U- und Räumungsbootbesatzungen, der Nachrichtentruppen und Kampfverbände, um ihnen den Räumungsbefehl zu erteilen. Die letzten Stunden der Insel Helgoland sahen dann nur Raub und Plünderung. Am 11. Mai morgens verließen die Truppen mit ihrem Helgoländer Beutegut auf zwei Transportern die Insel. Zurück blieb lediglich ein kleines Übergabekommando und das Häufchen Helgoländer, das das Tausendjährige Reich noch übriggelassen hatte. Um 13 Uhr tauchten aus dem Dunst eines herrlichen Nordseefrühlingstages zwei Räumboote unter englischer Flagge auf, gefolgt von sechs Minensuchbooten, die in den Außenhafen einliefen, wo noch immer der U-Bootsbunker unversehrt aufragte. Erschüttert sahen die alten Helgoländer die englische Flagge am Mast aufsteigen, deren Einholung sie selbst noch erlebt hatten und die nun nach 55 Jahren zurückgekommen war. Eine Abordnung englisch geborener Insulaner begab sich zum englischen Admiral, der die Insel für Großbritannien in Besitz genommen hatte, um ein Verbleiben der Helgoländer zu erbitten, aber so groß die Zähigkeit der kleinen Friesengruppe auch war, der englische Offizier blieb unerbittlich. Mit einer den Helgoländern unverständlichen Härte erging ein Räumungsbefehl an alle. So mußten die Helgoländer gebeugt und erschüttert an Bord der Schiffe gehen, die sie über ihre geliebte Nordsee auf das deutsche Festland brachten, in eine entsetzliche, hoffnungslose Heimatlosigkeit.

Haar geborgen, ihn hatten die Bomben dreimal verschüttet und dreimal ausgegraben. Nach dieser totalen Vernichtung von einer strategischen Bedeutung der Insel sprechen zu wollen, konnte lediglich Irrsinnigen überlassen bleiben. In den Tagen darauf flogen überschwere Bomber die Insel ungestört an und warfen riesige 6-Tonnen-Bomben, die Trichter von gewaltigem

Die Heimatlosen

Die absolute Hilflosigkeit dem Festlandsleben gegenüber ließ die Helgoländer erkennen, was sie verloren hatten, und die ungeheure Wucht dieser Erkenntnis warf sie in eine tiefe Lethargie. Über nahezu 50 Dörfer und Flecken der südholsteinischen Kreise verstreut, hausten die Inselbewohner jetzt in Scheunen und Ställen. Als Insulaner an Entfernungen nicht gewöhnt, mußten sie jetzt stundenlang wandern, um sich gegenseitig zu sehen und ihre Sprache zu vernehmen. Doch alle Widrigkeiten wurden selbst von den Ältesten unter ihnen mit stoischer Gelassenheit ertragen, glaubte doch jeder, daß England die Insel nunmehr endgültig in Besitz nehmen würde, um die alten Insulaner zurückzurufen für den Wiederaufbau eines friedlichen Fischerdorfes und Kurortes. Und wieder waren es die Männer um Kuchlenz, die, des jahrzehntelangen Kampfes um die Heimat nicht müde, noch einmal ihre Kraft und Erfahrung in die Waagschale warfen, um ihren Landsleuten zu helfen und Klarheit über die Zukunft zu schaffen. Zwei Eingaben gingen in Hamburg an die Militärregierung, in denen die verzweifelte Lage der Helgoländer geschildert wurde und die Bitte zum Ausdruck kam, den heimwehkranken Inselmenschen so schnell wie möglich ihre Heimat zurückzugeben, die dort unter englischer Flagge wie in früheren Zeiten ein friedliches Fischerleben finden würden. Gleichzeitig informierte man die dänischen Kreise über das Helgoländer Schicksal und bat im Interesse der Fischerei um Intervention. Die englisch geborenen Helgoländer, von denen noch ca. 250 am Leben waren, schufen unter der Führung von August Kuchlenz ein Helgoland Comitee, das die Helgoländer Belange vertreten sollte.

Der für Helgoland zuständige Landrat in Pinneberg beauftragte Herrn Hoffmann, eine Helgoland-Kommission zu bilden. Herr Hoffmann war Bayer, hatte in ein Hotel-Restaurant eingeheiratet und sprach kein Helgoländisch. Er bestimmte sechs Vertreter, davon drei auf Helgoland zugewanderte Festländer

Das Unterland war bereits infolge eines Großfeuers nach dem Bombenangriff am 10. Oktober 1944 in weiten Teilen vernichtet worden. Der Angriff am 18. April 1945 sorgte für die totale Zerstörung.

und drei Helgoländer, von denen einer mit Recht ablehnte. Der »Helgoländer« Hoffmann brachte es dann fertig, die englische Militärbehörde zu bewegen, das Helgoland Comitee aufzulösen. Als ihm angeboten wurde, auf dem Festland ein Hotel zu übernehmen, verschwand er sang- und klanglos von der Bühne. Da Wochen und Monate verstrichen, ohne daß man den Helgoländern eine Erklärung über ihre Zukunft oder einen Termin für ihre Rückkehr gab, beantragten Männer aus den Fischerkreisen eine Aufenthaltsgenehmigung für die Insel, um wenigstens die letzte Habe aus den Bunkern bergen zu können. Nach vielen Anträgen und Schwierigkeiten gestattete man 16 Helgoländer

Fischern einen dreitägigen Aufenthalt, den sie auch nutzten, um alle greifbaren, verwendungsfähigen Gegenstände aus den Gemeindebunkern zu verladen und zum Festland zu bringen. Drei Tage waren natürlich eine allzu enge Grenze für die viele Arbeit, die zu leisten war, aber trotzdem konnte noch vieles, was die verschiedenen Plünderungen überlebt hatte, geborgen werden. Was sich bei der Verteilung dieser Sachen auf dem Festland abgespielt hat, darüber schweigt des Sängers Höflichkeit. Beruhigend wirkt dabei vielleicht, daß ein Aussterben der Helgoländer vorläufig nicht zu befürchten war, denn bei der Verteilung soll es noch über 4000 gegeben haben!

Die dann auf der Insel sich abspielenden Ereignisse brachten den Helgoländern schwerste Erschütterungen. Daß sie ihre weltliche Habe auf der Insel verloren hatten oder zurücklassen mußten, war hart; daß man sie in die Heimatlosigkeit getrieben hatte, war grausam; aber daß man ihnen den Zutritt zur Insel verwehrte, während die Kutter aller Küstenplätze, statt Fangreisen zu machen, Raubzüge nach Helgoland führten, das überschritt die Grenze des Ertragbaren. Kann ein menschliches Herz es fassen, wie denen zumute sein muß, die von ihrer Heimatinsel in die Scheunen des Binnenlandes vertrieben, nun hören und sehen müssen, wie fremde Menschen ihre Möbel, Hausgeräte, Öfen, Motore und das Holz ihrer Haustrümmer fortschleppten, während sie selbst frierend und schlecht gekleidet der Verzweiflung zu erliegen drohen? Aus dieser jähen Erkenntnis der Festlandsbräuche mag manches gläubige Inselchristentum zerbrochen sein. Niemand gebot dem Raub und der Leichenfledderei auf Helgoland Einhalt, und dämonische Kräfte schienen sich der Insel bemächtigt zu haben. Nach wie vor herrschte Ungewißheit über das Schicksal der Insel. Als bekannt wurde, daß die englische Navy in Cuxhaven eine Kriegsgefangenengruppe zusammenstellte, die zwecks Arbeiten zur Insel gebracht werden sollte, erhielt die Helgoländer Initiative einen neuen Impuls, und es gelang, in Cuxhaven eine Unterredung mit dem Navy Officer in Command herbeizuführen. Hier fielen zum ersten Mal Worte von einer Tragweite und

Ungeheuerlichkeit, die jeden Helgoländer umwerfen mußten. Der außerordentlich harte englische Offizier erklärte nicht weniger, als daß die Helgoländer nie mehr zurückkämen, vielmehr die Insel derart zerstört werden solle, daß nur ein Felsenhaufen bliebe, groß genug, den Seevögeln Brutplätze zu gewähren. Diese Nachricht konnte kein Helgoländer Hirn fassen, und so blieb sie im Herzen einiger weniger Männer bewahrt.

Erst als die Hummerfischer mit den dem Angriff entgangenen Booten in Hörnum, Brunsbüttel und Cuxhaven ihre Tätigkeit wiederaufnahmen und mit offenen Brandungsbooten die freie Nordsee überquerten, um auf den Klippen ihrer Heimatinsel Hummer zu fischen, drangen die ersten Nachrichten zum Festland. Aus den Berichten dieser Fischer und den Schilderungen der Besatzung des Helgoländer Rettungsbootes ergab sich im Laufe der dann folgenden Monate ein klares Bild, das bei aller Trostlosigkeit doch noch manche Hoffnung zuließ. Die Vorgänge auf der Insel selbst hatten sich folgendermaßen entwickelt: das unter Aufsicht der Navy dort arbeitende Kriegsgefangenenkommando, das aus Marinesoldaten bestand, die auf der Insel gedient hatten, darunter auch einige Helgoländer, war zuerst mit Aufräumungsarbeiten beschäftigt worden. Es legte die Eingänge zu den Kasematten, Bunkern und Raumanlagen wieder frei und säuberte die Räume und Gänge von Schutt und Geröll. Die Lichtanlagen dieser Einrichtungen wurden wieder in Betrieb gesetzt und umfangreiche Ausbesserungsarbeiten vorgenommen. Als dann gar deutsche Marinefahrzeuge mit Munition der Inselbestände beladen wurden und diese in der südlich der Insel entlanglaufenden tiefen Rinne versenkten, schien den Helgoländern eine baldige Rückkehr bevorzustehen, und ca. 500 von ihnen erklärten sich sofort bereit, ohne jegliche Entlohnung die Munitionsverladung vorzunehmen und der Nordsee zu übergeben. Um die Netzfischerei vor schwerem Schaden zu bewahren, hatten die Helgoländer eine Versenkung der Munition auf den Klippen vorgesehen. Doch mußte man bald hören, daß die großkalibrige Munition der Küstenbatterie wegen der schweren Zerstörungen des Oberlandes nicht

In der Ungewißheit über das Schicksal der Insel versuchten einige Helgoländer Gruppen alles Erdenkliche, um die Heimat wiederzugewinnen. Das Flugblatt erschien 1946.

Helgoland Cmmittee

+ An Danemark :
=+========================

Tausend Jahre gehörte die Insel Helgoland zu Schleswig und Dänemark. Helgolands Selbstverwaltung und Volkskultur blieb unter dänischer Herrschaft unangetastet. Noch lebt unter den Helgoländern die Tradition von dem milden dänischen Regime.

Ebenso lebten die Helgoländer unter englischer Herrschaft von 1807 - 1890 als ein kleines freies Volk.

Ihre Leidenszeit begann erst, als die Insel zu Deutschland kam , besonders nach 1918. Ihre alten Rechte und Freiheiten wurden ihnen genommen, ihre Flagge und ihre friesische Sprache wurden ihnen verboten.

Während des Krieges 1914 - 1918 mußten sämtliche Helgoländer die Insel velassen. Ihre Häuser und Wohnungen wurden von dem deutschen Militär in dem Maße ruiniert, daß nachher ein deutscher Regierungskommissar äußerte: " Schlimmer können die Russen nicht in Ostpreußen gehaust haben. "

Während des letzten Krieges blieb die Bevölkerung bis zum Frühjahr 1945 auf der Insel. Am 18. April 1945 wurde der deutsche Kommandeur von den Alliierten 6 mal vergebend zur Übergabe aufgefordert. Darauf wurden durc einen Bombenangriff von 1ooo Bombenflugzeugen sämtliche Häuser der Insel vernichtet. Viele Menschen wurden getötet. Ein Teil Helgoländer, der revoltiert hatte , wurde von den Deutschen hingerichtet.

Die überlebenden Helgoländer, etwa 1800 Menschen, wurden zwangsweise evakuiert nach dem Festland. Sie durften nicht mehr mitnehmen, als sie tragen konnten.

Gleich nachdem die Helgoländer die Insel verlassen hatten, begannen deutsche Soldaten zu plündern. Als die Engländer am 13. Mai die Insel einnahmen, war von dem Eigentum der ehemals wohlhabenden Bevölkerung nichts anderes übrig als Ruinen.

Die Helgoländer leben jetzt in großer Not, zerstreut in über ungefähr 60 Orte der Provinz Hannover und Holstein. Einige von ihnen haben sich

in ihrer Verzweiflung das Leben genommen.

In einigen Wochen wird wohl der erste Teil der Helgoländer nach der Insel zurückkehren können.

Die Helgoländer sind gewillt, Not und Entbehrungen zu Tragen , wenn sie nur wieder auf ihrer geliebten Insel leben dürfen.

Aber sie wollen frei sein von deutscher Vormundschaft und Unterdruck ung. Sie wollen in Freiheit leben und ihre eigene Sprache und Kultur pflegen.

In Dankbarkeit erinnern sie sich an das milde dänische Regime in alter Zeit. Freudschaftliche Bande knüpfen sie an die vielen dänischen Nord seefischer, für welche Helgoland ein wertvoller Nothafen war und vermutlich wieder werden wird.

Uter den Helgoländern sind starke Wünsche auf eine bessere Kenntniss dänischer Sprache und Kultur laut geworden.

Die Helgoländer, welche tausend Jahre lang loyale dänische Untertanen waren, wenden sich an das dänische Volk, den dänischen Reichstag und die dänische Regierung mit der Bitte,

in Zukunft auch die Insel Helgoland in die

Fürsorge für Südschleswig einzuschließen.

Helgoländ - Committee

gewählt von der großen Mehrheit der einheimischen Helgoländer).

Carl Lührs, Heinrich Köhn, Jonn Kröger
Paul Friedrichs, Willy Krüß, M. Arnhold,
Anna Arnhold, Daniel Tönnies, Peter Kanje,
Erich Holtmann, Friedrich Kröger,
Stientje Andresen, Rickmer Bock,
Jann A. Jannsen, Henny Schensky,
Emil Fähland, Cornelius Lornsen,
Henry G. Reimers, Beernhard Kröger,
Jakob Herzog, WalterHerzog, Stina Prüß
geb. Röhers, Ida Mied, geb. Harlichs,
Max Hamkens, Paul Botter, Agathe Remmert
geb. Heikens, Klaus J. Rickmers, Hans Rolfs,
Harm Eden Köhn, Rickmer Köhn, Olga Blatzkowski,
Jaspar P. Denker, Hermann Denker, Jann Bock,
Broder Kröger, Jasper Bufe, Bard Harlichs,
Werner Rickmers, Jakob Lorenzen, Peter Koopmann
Pay Wiechers, Carl Hornsmann, Jakob Broders,
Nummel Holtmann, Jakob Holtmann, Jasper Hornsmann
Anna Brodersen, Eugene Brodersen.

HelgolandCommittee:

Franz Siemens, Hans Lührs

Cobers Dähn, Paul Hansen

Peter Thaten

Christel Dähn

Hinrich Broders

Franz Schensky

Carl Uhlsen

Johann Krüß

77

abtransportiert werden konnte. So verblieb die gesamte Muniton der Küsten- und Flakbatterien in ihren Bunkern und Lagerräumen, desgleichen die großen Wasserbomben- und Torpedobestände der Raumanlage in der Südspitze der Insel. Als nächstes begann eine allgemeine Montagearbeit, die ganze Schiffsladungen noch brauchbarer Ausrüstungsgegenstände zusammentrug, die nach Cuxhaven geschafft wurden zur Verfügung der Royal Navy. Zu den geborgenen Gegenständen gehörten Motoren, Werkzeuge, handwerkliche Maschinen, Kräne, Baracken und umfangreiche Proviantbestände. In dieser Zeit allgemeiner Ausschlachtung wurden auch einige Helgoländer zur Insel gelassen, um mit Hilfe von Bergungsgesellschaften die gesunkenen Frachtfahrzeuge zu bergen und zum Festland zu bringen. Dabei konnten auch einige Helgoländer Fischerboote, die noch eine Reparatur wert waren, in Sicherheit gebracht werden. Im Rahmen der zu leistenden Arbeit war eine Straße vom Hafen bis zum Nordostgelände angelegt worden, auf der man seitens der Engländer sogar Kraftfahrzeuge einsetzte. Wenn auch das Leben in dieser gespenstischen Krater- und Trümmerlandschaft einer absoluten Verbannung glich, so hatte doch das Arbeitskommando bei leidlicher Unterbringung und guter Verpflegung nichts auszustehen, zumal der englische Kommandant besten Willens war und großes Verständnis zeigte. Sein längerer Aufenthalt in deutscher Kriegsgefangenschaft hatte ihm die Möglichkeit gegeben, sich der deutschen Sprache zu bemächtigen, und mit Helgoland verband ihn der Umstand, daß sein Vater als englischer Offizier der Übergabe der Insel an Deutschland 1890 beigewohnt hatte.

Im Herbst 1945 betrachtete man die Aufgaben der Kriegsgefangenengruppe als gelöst und brachte sie zum Festland zurück, wo sie in einem Lager der Entlassung entgegensah. Vor dem Abtransport war von englischer Seite die Frage gestellt worden, ob sich eine Anzahl Freiwilliger als Inselwache zur Verfügung stellen würde bei sofortiger Entlassung aus der Kriegsgefangenschaft. Es kann bei der grauenhaften Atmosphäre der zerfetzten Insel nicht wunder nehmen, wenn sich kein einziger zum Bleiben entschloß, aber auf der Helgoländer Gemeinschaft wird immer die vorwurfsvolle Frage bleiben, warum nicht ein paar der anwesenden jungen Helgoländer das Opfer auf sich nahmen, der Insel eine Wache zu stellen und somit den Anspruch der Bevölkerung zu wahren. Als das Arbeitskommando mit seiner englischen Leitung zum Festland zurückfuhr, lag die Insel einsam und verlassen in weiter Nordseeflut. Keine Menschenseele auf ihr, kein Leuchtfeuer, kein Leben, nur blutgetränkter, aufgerissener Felsen im ewigen Brandungsschlag. Doch wie in grauen Vorzeiten standen schreiende Möwen regungslos im Aufwind der Klippenwände, zogen die Zugvögel ihren Weg und leuchteten die Sterne aus dunkler Nordseenacht. Das Meer rauschte seinen gleichförmigen Gesang und wußte nichts vom Leid derer, die es jahrhundertelang befahren hatten.

Und so ging ein neues Hoffen durch die Helgoländer Herzen. England schien seine Aufgaben erfüllt zu haben, die Insel lag nunmehr herrenlos da, und mit dem kommenden Frühjahr würden zukunftsfreudige Fischer und Arbeiter einen neuen Abschnitt der Inselgeschichte einleiten. Pläne wurden geschmiedet für Barackenbau und Gerätebeschaffung. Der Helgoländer Fischereiverein hatte bereits zwölf Hummerfangboote zur Verfügung, die die Basis einer neuen Existenz bilden sollten, und die freiwillige Meldung der Helgoländer Männer war so zahlreich, daß man sofort 500 Insulaner hätte entsenden können. Doch das Leiden dieses kleinen Inselvölkchens sollte seinen Zenit noch lange nicht erreicht haben. Mitten in die Pläne des Neubeginns platzte die Nachricht von der Sperrung des Seegebiets um Helgoland für bevorstehende Angriffe der R. A. F. gegen die Insel. Die darauf einsetzende Fassungslosigkeit unter den Helgoländern ist nur zu verstehen, wenn man Einblicke gehabt hat in die Mentalität eines naiven Inselmenschen. Es ging einfach in diese Friesenköpfe nicht hinein, daß nach der Waffenruhe in Europa erneut Bomben fallen sollten, Bomben auf den zerschundenen Felsen des Heiliglandes, auf dem die Spuren des Nazimachtwahns ja längst ausgelöscht

Helgoländer-Treffen

in Cuxhaven

am 5. Mai 1951, im Waldschloß Brockeswalde

Festleitung: Paul Bebber

PROGRAMM:

1. Aus der Nordsee grauen Wogen	Karkfinken
2. Infeehrung unn det Programm	Paul Bebber
3. Alle Glocken werden schwingen	Margaretha Wiechers
4. De Dai wear we noa heeper	en Büll
5. Dear wart snakket	Arnold Rickmers
6. As jong Gass it Skuul it kümm	Karkfinken
7. Müss en Marre	Henry Reimers u. Detlef Krüß
8. Wann de Wonter es to en	Gisela Bebber
9. Wan ik so om i Lunn torai tenk	Karkfinken
10. Det Lunn 125 Joar Bad	Alma Hamkens
11. Dat Bad om 1900	en Büll
12. Hallunner Doans	de Letjen
13. Fackelpartie	en Büll
14. Polonäce unn Paik en Poistruntjen	
15. Dann fahren wir nach Helgoland	de Moats it Tress
16. Karkfinkenleed	Karkfinken

Dear noar Hillehait

Programmänderungen vorbehalten

waren durch die Flammenteppiche einer technischen Zivilisation. Doch das Unfaßbare geschah: mitten in die Waffenruhe der Völker fielen die Bomben, die das Felseneiland Helgoland trafen, dessen vertriebene Bevölkerung unter dem Terror eines abgetretenen Despotismus maßlos gelitten hatte, unter Heimweh und Nichtverstandensein unentwegt weiterlitt und der noch so viel Schweres bevorstand. Der Winter von 1945 auf 1946 sah für die Insel Bombenwürfe und Kutterhyänen, die an angriffsfreien Tagen die einsame Insel aufsuchten, um zu stehlen und wegzuschleppen, was noch irgendwie brauchbar war. Während die Helgoländer frierend in den kalten Ställen und Dachzimmern der Dörfer hockten, füllten sich die Häuser der Kutterfahrer mit Möbeln, Hausgerät und Feuerung. Im Dritten Reich hatte man das Volksgemeinschaft geheißen, was nun nach zwölfjähriger Erziehung prächtige Bewährung fand.

Als der Frühling mit seinen Zugvögeln kam, gemahnte Kukkucksruf die Helgoländer, daß sie nicht mehr inmitten von Möwengeschrei lebten, doch ihre Hoffnung war ungebrochen, und der Ruf ihres Blutes, in dem die Gesänge des Meeres, der Tanggeruch und der Nordseeodem lebendig waren, zwang sie zum roten Fels. Zwölf Brandungsboote wagten den weiten Weg über die Nordsee, um auf den Inselklippen Hummer zu fangen. Wenn auch nichts mehr auf dem Felsen erhalten war, was an Heim und Lebensraum erinnerte, so hatte doch jeder Fischer das Gefühl, wieder zu Hause zu sein.

Im Mai 1946 wurde bekannt, daß die Naval Party in Cuxhaven Männer für Arbeiten auf Helgoland anwerbe, die auf einem Wohnschiff dort stationiert werden sollten. Es erfolgte ein sofortiger Vorschlag der Helgoländer, 50 ihrer Landsleute auszuwählen und mit der Aufgabe zu betrauen. Die Ablehnung erfolgte mit der Begründung, daß die Helgoländer ungeeignet seien, da sie zu viel nach ihren eigenen Sachen suchen und graben würden. Man nahm diese Ausrede hin, ohne zu wissen, vor welchem grausamen Spiel die Helgoländer dadurch bewahrt wurden. 50 andere abenteuerlustige Männer fanden sich bald, für eine gute Verpflegung in die Verbannung zu gehen. Einige

Fachleute der Festungseinrichtungen und Kraftanlagen wurden hinzugenommen, und an einem stillen Frühlingstag schleppte man das Wohnschiff mit seiner Last zur Insel. Es waren nur spärliche Nachrichten, die von dem Goldgräberdasein dieses Kommandos zum Festland drangen, aber man weiß von guter Beute an Geld, Schmuck, Kleidung und anderen Objekten. Wieder wurde eine gründliche Überholung aller noch bestehenden Festungseinrichtungen wie Kasematten, Bunker, Verbindungsgänge und Vorratsräume vorgenommen. Nach peinlicher Säuberung aller Anlagen wurden einige Wege gangbar gemacht und von den Häfen Transportmöglichkeiten zum Oberland geschaffen, wobei eine Drahtseilbahn angelegt wurde, die größere Lasten auf das Felsplateau befördern sollte. Inzwischen hatte man deutschen Frachtraum gechartert, und eines Tages kam der erste Motorsegler mit einer Munitionsladung zur Insel, die von dem Arbeitskommando in die Raumanlage geschafft wurde. Wie ein Lauffeuer ging es bei den Helgoländern um, daß große Munitionsmengen zwecks Einlagerung zur Insel gebracht würden. Die um das Gemeindewohl besorgten Männer machten sich ihre Gedanken und gaben ihren Landsleuten zu verstehen, daß die Schaffung eines englischen Munitionsstapelplatzes auf Helgoland die Rückführung der Bevölkerung auf ungewisse Zeit verzögern würde. Erst als auch englische Schiffe Sprengstoffe aller Art wie Torpedoköpfe, Wasserbomben und großkalibrige Artilleriegeschosse auf die Insel brachten und gleichzeitig eine Artikelserie durch die englische Presse ging, in der die »gewaltige Inselfestung Helgoland« als Dolch in Englands Rücken während zweier Weltkriege bezeichnet wurde, begann man auf Helgoländer Seite zu ahnen, welch ein fanatischer Vernichtungswille hinter diesem Vorhaben stand. Ein fieberhaftes Ergründen, Forschen und Untersuchen setzte ein, und was man schließlich aus den eigenen Fischern und den Besatzungen der Munition fahrenden Motorsegler herausbrachte, reichte aus, jedem Helgoländer das Blut in den Adern erstarren zu lassen. Monatelang waren Sprengstoffe aller Art und Wirksamkeit auf die Insel geschafft worden, die von dem Arbeitskommando auf die Anlagen der Festung verteilt wurden. In den riesigen Raumanlagen, die die ganze Südspitze der Insel einnahmen, standen die endlosen Reihen der Wasserbomben zu vier und fünf übereinander. In den Einzelräumen lagerten Torpedoköpfe, die endlosen Gänge waren bis oben hin angefüllt mit hochwertigem Sprengstoff aller Art. Zu den riesigen Munitionsvorräten der völlig demolierten Inselbatterien hatte man Wasserbomben als Zünder gelegt, jedes Loch der Kasematten, jeder Unterstand der Festung wurde mit ihnen ausgefüllt, es blieb kein Hohlraum in der ganzen Festung, der nicht seine Treibladung erhalten hatte. Doch unentwegt brachten die Schiffe neue Last, immer weiteren Sprengstoff schaffte man auf die Insel, die zum Bersten mit Dynamit angefüllt wurde. Schließlich wurde der U-Bootsbunker in Angriff genommen, auch er bekam seine Torpedo- und Wasserbombenstapel und wurde wie die Insel selbst ein riesiges Pulverfaß. Die alten Helgoländer, die ihre Insel genau kannten, die wußten, wo die Befestigungen lagen und wo die Felsenformationen ihre schwächsten Stellen hatten, konnten sich sehr bald ein Bild von der zu erwartenden Wirkung machen. Es war ja im Süden und Norden der Insel, dort, wo die Befestigungsanlagen ihre Schwerpunkte mit Artilleriständen und Kasematten gehabt hatten, nur eine dünne Felsenkruste, die die riesigen Munitionsstapel der Hohlräume umschloß. Bei einer gleichzeitigen Entzündung der gesamten Treibladung mußte die Expansionskraft dem Aufbrechen eines Vulkans gleichkommen, der seine Gesteinshülle wie Eierschalen zerbrach. Von dem stolzen, aus weißer Brandung weithin leuchtenden roten Inselfelsen würde nichts bleiben als ein wirrer Geröllhaufen zerfetzter Buntsandsteinschichten. Kein menschliches Auge würde sich seiner Schönheit mehr erfreuen können, und was die Nordsee in langen Jahrhunderten nicht vermochte, würden Menschenhände in wenigen Sekunden vollzogen haben. Bei allem Wirklichkeitssinn und Sachlichkeitsgefühl des Helgoländers war die Tragik der Schicksalsentwicklung doch zu groß, um verstanden und überwunden zu werden. Obgleich nun einem jeden bekannt sein mußte, welche Elemente auf der Insel ihrer Entfesselung harrten, klang in jedem Helgoländer Herzen das verzweifelte: »Es kann nicht sein!« Doch die Hilfeschreie eines gequälten Inselvölkchens verhallten ungehört. Bittschriften blieben unbeantwortet, und die Regierungsstellen, an die man sich wandte, fanden hilflose Ausreden. Wieder waren es die Hansestädte Hamburg und Bremen, die sich, wenn auch erfolglos, für Helgoland verwandten. Denkschriften der Helgoländer Heimatkämpfer gingen in alle Welt, und die internationale Presse nahm sich zeitweise dieses Problems an, aber was auch geschah und geschehen mochte, dem Wahnsinn der Inselsprengung war kein Einhalt mehr zu gebieten. Als der Winter vorüber war, gingen die Vorbereitungsarbeiten für das Feuerwerk ihrem Ende entgegen. In atemloser, fieberhafter Verwirrung warteten die 2000 heimatlosen Friesen auf die Bekanntgabe des Datums, das ihnen sagen würde, an welchem Tag man sie in den Abgrund zu stoßen gedachte.

Noch einmal flammte der Name »Heligoland« in der englischen Presse auf, und als die Artikel in Ausführungen über die Sprengungsvorbereitungen schwelgten unter Hinweis auf die tödliche Bedrohung, die England durch diese Inselfestung in zwei Weltkriegen entstanden war und die nun für alle Zeiten beseitigt werden sollte, da zerbrach etwas in den Helgoländer Herzen. Es zerbrach der Glaube an die englische Ritterlichkeit, der von den Vorfahren unbedenklich übernommen worden war und der ihnen in den Nazijahren so viel »troubles« bereitet hatte. Mit den verheißungsvollen Worten des Commanders Lord Falkland am 30. August 1807 war die englische Ära eingeleitet worden, sie klang aus in den großzügigen Vereinbarungen mit dem deutschen Kaiser am 10. August 1890, in denen den Helgoländern ihre Rechte und Freiheiten gesichert wurden. Am 11. Mai 1945 war wieder die englische Flagge über Helgoland aufgestiegen, aber mit ihr war unbegreiflicher Haß, brutale Grausamkeit und dämonischer Vernichtungswille gekommen. Es mußte etwas vorgegangen sein im englischen Menschen, etwas Unbegreifbares, etwas Grundlegendes, etwas, was dem

Engländer der Helgoländer Erinnerung noch nicht zu eigen gewesen war. Wenn Helgoland in diesem Kriege überhaupt eine strategische Rolle gespielt hatte, wenn es Großbritannien wirklich Abbruch getan hätte, so wäre das doch nur der englischen Unentschlossenheit und Kurzsichtigkeit selbst zuzuschreiben. Hatten die Helgoländer nicht 1919 ihre Rücknahme seitens Englands gefordert? Hatten sie nicht die restlose Zerstörung des Hafens und der Festung unter Ausschluß aller Kompromisse verlangt? Hatten sie nicht die englische Überwachungskommission laufend gewarnt vor dem Wiederkommen des preußischen Militarismus? Und hatten sie nicht selbst an den Völkerbund appelliert, als man ihre Stimmen unbeachtet ließ? Und für die englische Unterlassungsschuld sollte nun ihr roter Heimatfelsen vernichtet werden, dessen Festungseinrichtungen schon zerschmettert dalagen?

Nordsee-Bikini »Helgoland«

Lange Wochen banger Erwartung verstrichen. In einsamer Nordsee lag die pulvergefüllte Felseninsel. Ihre Bewohner aber, die Helgoländer, von denen manche über 70 Jahre dort Lebensraum und Heimat gehabt hatten, starben vor Gram und Heimweh in den Scheunen der Holsteiner Bauerndörfer. In dieses hoffnungslose Dahinbrüten eines zerstörten Lebens stellte sich nun die Flammenschrift eines Datums. Der 18. April 1947 war für die Hinrichtung einer Insel ausersehen. Als das Datum bekannt wurde, ging den wissenden Helgoländern, die nun schon jahrzehntelang im Kampf um ihre Insel standen, ein Licht auf. Mit einem Schlage wurde ihnen klar, warum gerade der 18. April, zwei Jahre nach dem Vernichtungsangriff, vorgesehen war. Jetzt wußte man, gegen wen diese Schläge gerichtet waren, aber man wußte auch, daß diese Kreise aufgehört hatten zu existieren, daß nur noch eine Gemeinschaft getroffen wurde, und das waren die Helgoländer. Die vielleicht berechtigte Vergeltung mußte ja die Verkehrten treffen, da die wirklich Schuldigen längst in der amorphen Masse einer Verlierernation untergegangen waren. Dem englisch geborenen Helgoländer war zwar ein Verständnis erwachsen für die schmerzhafte Erfahrung englischer Marinekreise und die durch sie verursachte Verbitterung, aus der bei zunehmender Rücksichtslosigkeit der Kriegführung schließlich Haß geboren werden mußte, aber zugleich gewann man auch Klarheit dar-

über, daß die Hauptmotive der nun schon Jahre dauernden Versuche auf Helgoland bei solchen Kreisen zu suchen waren, die hier eine Möglichkeit sahen, noch recht lange ein Herrenleben führen zu können, bevor die Bedeutungslosigkeit des zivilen Alltags sie wieder aufnahm.

Und dann war der 18. April herangekommen. Mit verkrampften Herzen saßen die Helgoländer wie vor der Stunde ihrer eigenen Hinrichtung. Es gab ja keine Dualität von Felsen und Menschen, es gab nur eine in Jahrhunderten zusammengewachsene Einheit. Verging diese Insel, so mußte auch das Leben ihrer

»Um ein Uhr zuckte eine Sekunde lang ein heller Blitz über das Kliff, das gleich darauf von einer dichten, schwarz-roten Wolke eingehüllt wurde, die die ganze Insel erfaßte und dann zum Himmel aufstieg.« Mit diesen Worten beschrieb ein Zeitzeuge die Sprengung Helgolands am 18. April 1947.

Menschen vergehen. Über der Nordsee aber lag ein jubilierender Frühlingstag, ein wolkenloser Himmel über blauklarem Wasser, aus dem leuchtend der rote Sandstein aufstieg. Einige Meilen von der Insel entfernt wiegten sich die Fahrzeuge, die das verderbenbringende Instrument der mörderischen Zivilisation und ihre neugierigen Schöpfer trugen. Die Nationen hatte ihre Pressevertreter entsandt, und es gab keine Zeitung von Rang, die nicht vertreten war, um in Wort und Bild von dem grandiosen Nordseegeschehen berichten zu können. Joseph Conrads Ausspruch, daß die See keine Galerie habe, war überholt. Um 12 Uhr sollte die Fernzündung von Bord eines englischen Kabellegers aus vorgenommen werden. Atemlose Spannung an Bord der Schiffe, selbst auf dem Festland fieberhafte Erwartung. Man hatte in den nächsten Küstenplätzen Fenster und Türen öffnen lassen. Etwas sollte sogar noch für die Bewohner der Insel getan werden, denn kurz vor der Todesstunde ertönten Böllerschüsse, um die dort rastenden Vögel zu vertreiben. Punkt 12 Uhr legte die Hand eines englischen Marineoffiziers einen kleinen Hebel um und zwang dabei 6000 t Munition modernster Fertigung zur Umwandlung. Während zahllose Augenpaare gebannt zur Insel blickten, zuckten plötzlich grelle Blitze um den Felsen, huschten lodernde Flammen über das Plateau, verschlangen die Inselkonturen und stiegen wie befreit mit züngelnder Wucht in den Himmel. Ein wilder Schlag, der den Felsen vom Meeresgrund zu reißen schien, lief durch die Nordsee und traf dröhnend die Schiffsplanken. Über der im Flammensturm versinkenden Insel schoß eine schwarze Rauchtraube gigantischen Ausmaßes empor, die sich drohend bis in den höchsten Himmel reckte und dann langsam, wie ein riesiger Trauerflor, vor dem Westwind dahintrieb.

Drei Tage darauf betraten englische Marineoffiziere als erste die Insel, und nachdem festgestellt worden war, daß alle Ladungen gezündet hatten, folgten die geladenen Pressevertreter, die dann lakonisch von der restlosen Zerstörung aller Festungseinrichtungen berichteten, aber eine Wiederbesiedelung für möglich hielten. Die heimkehrenden Hummerfischer berichteten bald mehr, und die Kunde, die sie brachten, ließ erkennen, daß die Inselgeschichte nicht für alle Zeiten ausgelöscht, sondern mit Getöse nur ein Kapitel zu Ende gegangen war. Das Inselbuch bot neue Seiten und mahnte seine Besitzer, ihre Pflicht zu tun. Und doch war die Verwandlung der Insel so ungeheuerlich, daß sich die alten Fischer beim erstmaligen Betreten ihrer Tränen nicht schämten.

Auf dem Felsenplateau hatten sich die Sprengladungen der Geschützstände, Kasematten, Gänge und Kraftzentralen den Weg des geringsten Widerstandes gesucht und waren nach oben zur Freiheit gelangt. So waren in dem Festungsgebiet des Oberlandes riesige Mulden und Schluchten entstanden, durchsetzt mit Trichtern gewaltigen Umfanges, die von tiefgehenden Munitionsstollen herrührten. Selbst die Blindgänger der Angriffe waren mitgerissen worden, denn man fand neue Trichter an Plätzen, die keine Sprengladungen erhalten hatten. Wo die Befestigungen dicht an den Klippenrand geführt hatten, war dieser in umfangreichen Felsstürzen abgesprengt worden. Die allergrößten Sprengstoffmassen hatten jedoch in den Südkasematten und Raumanlagen gelegen, von denen sich die letzteren mit ihren gewaltigen Ausmaßen unter der ganzen Südseite der Insel hinzogen und die soviel Munition aufgenommen hatten, daß die Explosion derselben die Südspitze mitsamt dem Ortschaftsteil förmlich auseinanderreißen mußte. Doch hatte sich hier der Widerstand der darüberliegenden 14 m dicken Felsdecke stärker erwiesen als die Felswand im Osten und Westen dieser Anlagen. Dabei hatten sich Flammen und Druck seitlich ihren Ausweg gesucht, die Felsenwände hinausgestoßen, und die riesige Sandsteinplatte des Oberlandes war nach Auflüftung auf ihren alten Platz zurückgefallen. Der durch die wahnsinnige Hitze seine Struktur verändernde Sandstein war dabei wie ein Kuchenteig auseinandergelaufen, hatte das halbe Unterland zugedeckt, den Scheibenhafen verschüttet, die riesige Betonmauer im Westen wie ein Lavastrom umgeworfen, den alleinstehenden Mönch hinweggefegt und lag nun als rote Schutthalde weit nach Westen in der See. Wo einst Hummerboote fuhren und die Brandung tobte, lag nun zermalmtes Geröll der stolzen Südspitze. Von dem Platz, an dem einst das Haus des englischen Gouverneurs gestanden hatte, führte nach Osten und Westen ein wildzerklüfteter Hang direkt ins Meer. Der Teil der Insel, auf dem noch die Haustrümmer der Ortschaft lagen, war unversehrt, selbst die Treppe stand, ebenso wie die Stützmauer nördlich derselben, die eine Schlucht ausfüllte zum einstigen Schutz der Häuser. Vom Strande des Unterlandes war ein Erreichen des Hafengeländes nicht möglich, da die Massen der Südspitze alles zugedeckt hatten. Der klotzige U-Bootsbunker war wie ein Spuk verschwunden, seine riesigen, mit Eisenrippen durchsetzten Brocken lagen in dem Gebiet der Hummerkästen und ragten aus dem Niedrigwasser der Reede. Seine Explosion hatte die 20 t schweren Steine des Augustahafens bis zum Wasserspiegel hinunter einfach hinweggefegt und die schweren Senkkästen der gegenüberliegenden Landungsbrücke wie Spielzeug zerschmettert.

Friede auf Erden

Über diese Stätte des Grauens zog wie immer der Frühling. Die Hummerfischer kamen in den stillen, hellen Nächten über die weite Nordsee, um auf den Klippen der Insel ihre Körbe auszulegen. Bei der harten Arbeit des Hummerfanges hatten sie doch immer ihre, wenn auch jetzt zerstörte Heimat vor Augen, und diese Nähe hat sie glücklich gemacht. Diese Fischer wurden von 2000 Menschen beneidet, die mitten im grünenden Festlandsfrühling keinen Vogelsang, keinen Kuckucksruf mehr hören mochten, denen das knospende Grün des Holsteiner Landes wehtat, weil es sie nach klarer Kimm unter Westwindwolken verlangte, nach Tanggeruch und Möwenschrei. Der Erfüllung ihrer Sehnsucht konnte doch nun nichts mehr entgegenstehen. Aus einer Seefestung war eine Schutthalde geworden, immer noch groß genug, um 2000 Inselfriesen wieder Heimat und Existenz zu geben. Außerdem war die Düne erhalten, die Platz genug bot, um Unterkunftsbaracken aufnehmen zu können und das Fanggerät der Fischer. Wenn auch die Presse von Schwierigkeiten für die Neubesiedlung durch Wassermangel sprach, so wußten die Helgoländer gut genug, daß die Zisternen und Sickerbrunnen der Bevölkerung durch Jahrhunderte ihr Trinkwasser geliefert hatten, und erst durch den Kasernenbau der Festung und den durch ihn verursachten Mehrverbrauch ein Wassermangel eingetreten war. Doch Wochen vergingen, ohne daß von einer endgültigen Freigabe und Rückführung der Bevölkerung die Rede war. Rückfragen bei den Dienststellen der Militärregierung wurden ausweichend beantwortet, bis über irgendeine Nachrichtenagentur das Gerücht aufkam, daß die Insel bis Ende des Jahres der Navy für Versuchszwecke zur Verfügung stände. Es war der dritte Sommer nach der Kapitulation der deutschen Streitkräfte, den die Helgoländer heimwehkrank bei den Bauern verbrachten. Doch so weit sie auch verstreut waren, Sonne, Mond, Sterne und Wind brachten Kunde aus der Nordsee, und bald wußte ein jeder, daß wieder ein Wohnschiff der Navy mit Sprengkommandos auf der Insel lag, die dort Sprengstoffversuche vornahmen. Wenn auch die geologischen Formationen dabei keinen Schaden nahmen, so entstanden doch auf der Düne, wo man auf dem Flugplatz und in der Nähe des Leuchtturms Sprengungen vornahm, riesige Trichter, die sich mit Grundwasser füllten und bei Sturmflut einen Durchbruch der Düne verursachen konnten. Die wenigen Hummerfischer, die wieder ein Boot ihr eigen nennen durften, nutzten das unwahrscheinlich schöne Frühjahr und den warmen, windstillen Sommer, um ihre alten Fangplätze bis dicht unter der Insel zu befischen. Das Ergebnis des Hummerfanges war gut, trotz des wenigen und mangelhaften Geräts, trotz der langen Anfahrten vom Festland, wohin die Boote ja des öfteren wegen Wasser und Proviant zurücklaufen mußten. Körperlich hatten diese Männer allerdings Schweres durchzumachen. In den kleinen Brandungsbooten war kaum Platz, sich lang auszustrecken, wenig Gelegenheit, ein warmes Essen zu bereiten und keine Möglichkeit, sich zu vertreten. Eine große Erleichterung trat schon ein, als man den Booten den Aufenthalt im Hafen gewährte, wenn auch das Betreten des Landes verboten war. Doch sollten diese Fischer sehr bald die Überbringer neuer Schreckensnachrichten werden, denn zu Ausgang des Sommers fanden wieder Munitionsschiffe den Weg zur Insel. Ladung auf Ladung wurde im Hafen des Nordostgeländes gelöscht und wanderte in die Räume der Stützmauer, der sogenannten »Spirale«, die im Kriege von der Gemeinde als Luftschutzbunker eingerichtet worden war und eine mächtige Betondecke bekommen hatte. Den Namen erhielt sie, weil sich ihre Stockwerke spiralförmig bis zum Oberland schraubten. In ihre Etagen stapelte man die Munition, füllte zugleich die Befehlsbunker der zivilen Luftschutzanlagen sowie die Eingänge der Stollen, die unter die Ortschaft führten und in denen die Bevölkerung während des Angriffs Zuflucht fand. 4000 Kisten Sprengstoff fanden unter dieser Ecke der Ortschaft und in der »Spirale« ihren Platz. Es war ein grauer, trüber Novembertag, als man das Wohnschiff aus dem Hafen schleppte und die Hummerfischer Anweisung erhielten, sich in angemessener Entfernung zu halten. Wieder bäumte sich der Felsen unter dem Druck explodierender Pulvermassen, wieder schlugen Flammen aus den Felsspalten und wieder hing schwer und traurig eine riesige Explosionswolke über der Insel. Als die Fischer, von Bitterkeit erfüllt, auf die Insel zurückkamen, war die ganze Ostecke der einstigen Ortschaft hinweggeblasen. Von der breiten Treppe, die einst zum Oberland führte, von der prägnanten Felsnase, die vorwitzig ins Unterland hineingeragt hatte, und von der hohen Stützmauer war keine Spur mehr zu finden. Die 45 to schwere Decke der »Spirale« lag zertrümmert auf dem Nordostgelände. Mitten aus den Häusertrümmern des Oberlandes führte nun ein breiter Schutthang weit in das Unterland hinab, so daß man fast vom Strande aus auf losem Abhang zum Felsplateau gelangen konnte. Wie ein ausbrechender Lavastrom hatte sich die Masse der Felsen über das Unterland vorgeschoben und ließ nicht mehr erkennen, wo sich einst Fahrstuhl und Treppe befunden hatten.

Doch das Sprengkommando blieb, es blieb auch, als die schweren Stürme einsetzten und die Hummerfischer zum Festland liefen, weil der Fang nicht mehr lohnte. Inzwischen fragten sich 2000 Menschen Tag für Tag, was denn noch eigentlich zu zerstören sei. Endlich, am 3. Dezember 1947, verließ das Wohnschiff mit seiner gesamten Bemannung die Insel. Das Kommando wurde aufgelöst, und man sprach davon, daß die Offiziere des Unternehmens nach England zurückkehren würden. Noch einmal wagten zwei Brandungsboote den Weg über die aufgewühlte, ungastliche Nordsee und brachten den Helgoländern Nachricht von der nun wieder einsam in der Brandung liegenden Heimatinsel. Schützend legte sich der Winter über den zerklüfteten Felsen, der sich nun rüsten konnte, um im Frühling seine Bewohner wieder aufnehmen zu können. Das Weihnachtsfest kam, und aus den Kirchen der Dörfer erschallte Orgelspiel und Gesang: »Friede auf Erden und den Menschen ein Wohlgefallen.« Doch noch in das Erklingen der Weihnachtsglocken ergingen die Warnungen an die Schiffahrt für das Seegebiet um Helgoland, da mit neuen Bombenangriffen von je dreitägiger Dauer begonnen werden würde.

Die menschliche Geschichte kennt Lehrbeispiele genug für die erbarmungslose Vernichtung menschlicher Wohnstätten, angefangen bei den Vernichtungsfeldzügen Alexanders des Großen über die Einfälle Dschingis Khans bis zu den Bombenteppichen des letzten Weltkrieges. Aber für eine systematische Vernichtung in Friedenszeiten, für das wütende, besinnungslose Einschlagen auf eine kleine Felseninsel, die für 2000 Menschen den Inbegriff von Lebensraum, Heimat und Vaterland bedeutete, hatte man bisher noch kein Beispiel. Der Gipfelpunkt aller Irreführung und Heuchelei aber wurde erreicht, als der »Daily Mirror« am 16. Januar 1948 schrieb: »R.A.F.-planes were reported yesterday to be bombing defence works on Heligoland, which survived last year's demolitions.«

1951 bot sich den wenigen Besuchern der Insel ein Bild der Zerstörung. Im Unterland war nach der Sprengung und jahrelangen Bombenzielflügen nur noch das ehemalige Gebäude der Biologischen Anstalt als Bauwerk identifizierbar.

Was wird aus Helgoland?

Verlassen liegt der Felsenstumpf in der gischtenden Nordseebrandung, doch wenn man auch weiterhin seine Schutthalden von Osten nach Westen, von Norden nach Süden sprengt, der Haufen von 60 Millionen cbm Buntsandstein bleibt. Das wissen seine einstigen Bewohner, und sie müssen es wissen, denn sie sind ein Stück von ihm. Aber sie wissen auch, daß das Festland an ihnen nagt, ihre Alten unter die Erde zieht, ihre

Sprache aufsaugt und ihre Eigenarten schal und farblos werden läßt. Schon einmal, im Jahre 1860, fand der Friese E. P. Hansen aus Keitum Worte, die eine solch hoffnungslose Situation friesischer Minderheiten erfassen:

> Wir forschen und ringen nach Sitte und Recht.
> Doch - Recht schläft, die Habsucht wacht.
> Der Sturm sät, das Unrecht lacht!
> Wann schwindet endlich unsere Nacht?
> Der Nebel weicht, der Morgen graut.
> Es kräht der Hahn, der Tag bricht an.
> Doch wenn erneut die Sonne steigt,
> sie - unsere Gräber schaut -

Was bleibt uns Helgoländern? Diese Frage stellen sich die Insulaner und wissen sehr wohl, daß Dänemark bei aller Sympathie für sie durch seine wirtschaftliche Verbundenheit mit Deutschland die Insel nicht wieder annektieren wird, so lange auch die dänische Flagge über ihr wehte. Dänischer Besitz vor der deutschen Küste wäre ein ständiger Stein des Anstoßes, den sich Dänemark aus wirtschaftlichen Gründen einfach nicht leisten kann. England aber bewies schon nach dem Ersten Weltkrieg sein Desinteresse und hätte nun, nach dem zweiten, noch weniger Grund, sich der Insel erneut zu bemächtigen. Zu unbedeutend ist der kleine Felsen im heutigen Kampf der Völker. Der nüchterne englische Geschäftssinn hat keine Verwendung mehr für Helgoland. Um so unbegreiflicher aber ist dem Helgoländer der Haß, mit dem die unschuldigen Felsmassen der Insel weiter verfolgt werden. Vom ersten Tage der Übernahme an war Helgoland für Deutschland nur ein militärisches Objekt, und jede Beurteilung der Insel erfolgte nach strategischen Gesichtspunkten. Nun, da die deutsche Betrachtungsweise jeglicher militärischen Perspektive entblößt wurde, ist Helgoland völlig aus dem Blickfeld deutschen Trachtens herausgefallen. Innerhalb von 30 Jahren hatte Deutschland zweimal die Millionen seines Rüstungsetats über die Insel ausgeschüttet, zweimal eine Festung von höchster Vollkommenheit auf ihr geschaffen. Es liegt im Interesse der großen Siegerstaaten wie auch der kleinen Neutralen, daß nie mehr ein Geschützrohr den Helgoländer Inselfrieden stört.

Trotz räumlicher Entfernung und einer scheinbar hoffnungslosen Situation ließen die Helgoländer den Mut nicht sinken, und es bildeten sich Gruppen um August Kuchlenz, Franz Siemens, H. P. Rickmers und Peter Botter, die sich bemühten, der deutschen Öffentlichkeit und auch den Behörden vor Augen zu führen, daß Helgoland wieder besiedelt werden müsse. Bald darauf gab James Krüss eine Zeitschrift heraus, um die Helgoländer zu informieren und ihren Zusammenhalt zu fördern. Auch das Ausland wurde über die wichtigsten Punkte unterrichtet.

Das zerstörte Oberland.

Warum Wiederbesiedelung von Helgoland?

Mancher Leser, der vielleicht gewohnt ist, die deutschen und europäischen Probleme als Ganzes zu betrachten, mag sich fragen: Warum so viel Aufsehen wegen einer kleinen Felseninsel, von der die Erde so viele hat? Warum so viele Einzelheiten über 2000 Menschen, die als Minderheit nur das Schicksal von Millionen widerspiegeln? Warum solche eingehenden Ausführungen über die Vernichtung eines kleinen geologischen Gebildes mit einer winzigen Ortschaft, wo sich die Schutthalden der Städte über viele Kilometer erstrecken? Diesen Fragen gegenüber muß ganz klar herausgestellt werden, daß Helgoland kein Festlandsmassenproblem darstellt, daß vielmehr Helgoland ein Völkerproblem von internationaler Bedeutung ist und daß diese Insel Maßstab sein wird für die politische Entwicklung und Geisteshaltung des Abendlandes! In den folgenden Punkten soll kurz ausgeführt werden, welche Bedeutung die Insel haben oder wiedererlangen würde.

1. Helgoland als Friesenreservat

Nur Helgoland kann durch seine abgeschiedene Lage den letzten Inselfriesen Ruhe und Gewährung bieten. Hier waren die Eigenarten aller Friesenkultur am längsten erhalten. Das zeigte sich in Sitten und Gebräuchen, im Kirchenleben und in der Sprache, die sich bei den Helgoländern bis heute lebendig erhalten hat. Diese einmalige, eigene Sprache jedoch wird in wenigen Jahren spurlos verschwunden sein, wenn nicht ihre Träger in Kürze zu einer neuen Inselgemeinschaft zusammengeschlossen werden. Genauso wird es den folkloristischen Eigenarten ergehen, wenn nicht bald ein geschlossenes Gemeindewesen ihnen neues, pulsierendes Leben verleiht. Das Festland machte diese durch Jahrhunderte gehüteten Kostbar-keiten in wenigen Jahren tot. Was jeder Monat inmitten der plattdeutschen Bauernbevölkerung an Stammeseigenarten zerstört, kann nie mehr gutgemacht werden. Diese jetzt noch lebende völkische Besonderheit kann dem europäischen Kulturgut nur erhalten bleiben, wenn sie so schnell wie möglich zu ihrem insularen Entstehungsgebiet zurückgebracht wird.

2. Schiffahrt und Fischerei

Man muß sich die Deutsche Bucht als flache, sandige Ebene vorstellen mit einer ziemlich gleichbleibenden Durchschnittstiefe von 20 Metern. Westlich von Helgoland in die tiefere Nordsee abfallend, steigt sie jedoch zur nord- und westfriesischen Küste hin langsam an, um im Gebiet der dem Festland vorgelagerten Inseln in das Wattenmeer überzugehen. In diesem Küstengebiet versieht das ewige Mahlwerk von Ebbe und Flut seine unberechenbare Arbeit des Fortschwemmens und Ablagerns. Von den Flußmündungen verfolgbar einige Urstromtäler, die sich schlickgefüllt durch die Sandebene westwärts ziehen, als Sammelbassin großer Fischbestände. Von der Natur als Mittelpunkt in diese fischreichen Gründe hineingestellt die Insel Helgoland, nach unergründlichen Naturgesetzen gleichzeitig Wegweiser aller Zugbahnen atmosphärischer Tiefs, die der Deutschen Bucht nur zu häufig schwere Stürme bescheren und aus ihr ein einziges Brandungsfeld machen. Im deutschen Küstengebiet gibt es, abgesehen von den großen, sicheren Flußmündungen, nur wenige günstige Häfen, und selbst diese werden schnell unbenutzbar, wenn bei aufkommendem Sturm die Grundseen über das Wattenmeer toben. Ja selbst die Mündungsgebiete der Elbe, Weser und Jade können unpassierbar werden, wenn im Orkan die Gezeitenströmung gegen die Windrichtung läuft. Zahlreiche Schiffe haben bereits in diesen Grundseen ihren Untergang gefunden. Außerhalb dieser Gefahren, frei von Grundsee und Sandbänken, liegt Helgoland, dessen Hafen und Reede den Küstenfahrzeugen aller Nationen stets sichere Zuflucht gewährt haben. Nur mit dieser Möglichkeit war es für die Fischereifahrzeuge angängig, selbst im Herbst die Fischgründe bis zur Doggerbank hin aufzusuchen. Helgoland bot bei aufkommenden Stürmen immer Schutz, auch wenn die Barren des Küstengebietes und die Flußmündungen wegen Grundseen nicht mehr passierbar waren. Sogar die kleinen, halbgedeckten und offenen Fahrzeuge konnten die Fischgründe der Deutschen Bucht aufsuchen im Hinblick auf die Sicherheit des Helgoländer Hafens. Hier hatten sie Reparaturmöglichkeiten, hier konnten sie Material und Proviant ergänzen. In strengen Wintern ist Helgoland der einzige eisfreie Hafen der Deutschen Bucht und deshalb als Rettungsstation und Stützpunkt des Bergungsdienstes unentbehrlich. Die Helgoländer Fischerei selbst ist ohne Inselbenutzung gar nicht denkbar. Nach dem Ende der Schaluppenfahrt und Schellfischangelei blieben Dorsch- und Makrelenfang sowie die für Deutschland einmalige Hummerfischerei. Das Aussetzen des Geräts auf die Klippen, auf denen bei Sturm die Brandung tobt, sowie das tägliche Bearbeiten desselben ist nur von der Insel aus möglich, wo die offenen Boote nachts ihre Zuflucht finden können. Wenn jetzt Helgoländer Hummerfischer mit ihren offenen Brandungsbooten zu ihren Fanggründen fahren, so ist das ein Unternehmen auf Leben und Tod, auf die Dauer nicht durchzuhalten, und wird dazu führen, daß der Hummerfang ganz aufhört oder von artfremden Fischern mit größeren Kuttern aufgenommen wird. Diese werden ihn jedoch nicht wirtschaftlich betreiben können, da sie dieses Gewerbes nicht kundig sind, das letzten Endes doch nur mit kleinen, offenen Brandungsbooten fachmännisch betrieben werden kann. Ferner ist Helgoland für die Navigation als Träger eines weitreichenden Leuchtturmes unentbehrlich. Kein anderer Punkt hat als Signalstation für Sturmwarnung und Beobachtung solche Wirkungsmöglichkeiten. Das Nebelhorn der Insel hat bei unsichtigem Wetter viel zur Sicherheit der Schiffahrt beigetragen, ein neues auf Helgoland ist einfach unerläßlich.

Und last but not least brauchen Schiffahrt und Fischerei Helgoland als vorgeschobensten Stützpunkt ärztlicher Hilfe und menschlicher Barmherzigkeit.

Noch vor der endgültigen Freigabe Helgolands am 1. März 1952 wurden die Unterlagen für einen Wiederaufbau-Wettbewerb der zerstörten Insel veröffentlicht.

Vorwort

Das Schicksal der Insel Helgoland nach dem zweiten Weltkrieg ist einmalig. Die Zerstörungen, die der Krieg und die Nachkriegsfolgen auf der Insel angerichtet haben, sind in ihren Ausmaßen fast vollständig.

Es müssen daher besondere Anforderungen an alle gestellt werden, die dazu berufen sind, am Wiederaufbau der Insel Helgoland mitzuwirken.

In vorderster Linie stehen die Städtebauer, Architekten und Ingenieure. Vor ihnen liegt eine schwere, aber auch eine schöne Aufgabe. Die Zerstörungen sind zwar furchtbar. Sie lassen auf der anderen Seite aber den fortschrittlichen Ideen, die eine neuartige Landschaftsplanung mit den Erkenntnissen der modernen Technik verbinden, ein weites Feld. Von diesen Ideen wird es abhängen, die Insel Helgoland zu dem zu machen, was ihr durch ihren einmaligen Charakter und ihre naturgegebenen Besonderheiten zukommt und dabei diejenigen Mängel zu vermeiden, die sich in der bisherigen städtebaulichen Entwicklung ergeben haben.

Ich würde es daher sowohl vom Standpunkt der Helgoländer wie aber auch vom Standpunkt des Landes und darüber hinaus ganz Deutschlands begrüßen, wenn der Ideenwettbewerb einen möglichst großen Anklang findet und die fähigsten Städtebauer, Architekten und Ingenieure zur Mitarbeit veranlaßt.

Kiel, den 1. Dezember 1951

L ü b k e
Ministerpräsident
Schleswig-Holstein

3. Kurort und Weltbad

Seit der Gründung des Bades 1826 errang die Insel ob ihrer kuriosen Einmaligkeit internationalen Ruf. Das milde Seeklima mit seiner reinen, wohltuenden Meeresluft sowie die kontemplative, weltabgeschiedene Atmosphäre der weiten Verlassenheit zwischen Himmel und Meer brachten der Insel unzählige Freunde. Dem Zauber der Sonnenuntergänge mußte jeder schönheitsdurstige Mensch erliegen, wenn er vom hohen Klippenrand das flüssige Gold der Nordsee zu seinen Füßen sah, in das der rote Sonnenball eintauchte, ihn in einer bestrickenden Stille zurücklassend, aus der ein gleichförmiger Wellenschlag die Ewigkeit verhieß. Den durch ein verhetztes, entwurzeltes Alltagsleben mehr und mehr nervösen Erkrankungen ausgesetzten Festlandsmenschen muß eine Möglichkeit gegeben werden, sich in einer unberührten, naturnahen Atmosphäre seines Selbstes zu erinnern. Gibt es einen idealeren Platz dafür als Helgoland? Selbst der in technischer Zivilisation überheblich gewordene Mensch wird hier zur Besinnung gebracht, wenn der heulende Nordwest um den Felsen tobt und ihn einhüllt in den sprühenden Gischt einer donnernden Brandung, wenn Menschenkraft versagt, die Elemente seine Hilflosigkeit umbrüllen und die Möwen regungslos im Klippenaufwind stehen. Köstliche Geschenke hält die Insel für den Suchenden bereit. Schon die Fahrt vom Festland seewärts mit ihrem faszinierenden Auftauchen des roten Eilandes, schaumgeboren, leuchtend, schmerzhaft schön für empfindsame Menschenherzen! Für Heufieberbefallene bot die Insel sichere Genesung, und unzählbar sind die Kranken, die durch das Sonnenlicht der reinen Luft und die heilkräftige Wirkung des Seewassers Linderung ihrer Schmerzen empfingen.

Doch auch die wirtschaftliche Seite darf durchaus nicht übersehen werden. Bei ihrer eigenen Mentalität sind die Helgoländer dem Festlandsleben kaum einzugliedern, und noch heute sind die meisten ohne zweckmäßige Beschäftigung. Auf ihrer Insel jedoch würden sie im Hotel- und Badebetrieb, verbunden mit der Fischerei, sehr bald wieder eine nutzbringende Tätigkeit im Rahmen der mitteleuropäischen Volkswirtschaft ausüben können. Zu den üblichen Einrichtungen eines Seekurortes mit Badeeinrichtungen und Hotel- und Gaststättengewerbe könnte man, wie in englischen Zeiten, eine Spielbank schaffen, die den Ansprüchen eines internationalen Publikums gemäß sein müßte. Die Bäderdampfer der deutschen Häfen könnten wieder ihre Menschenfrachten über die Nordsee tragen. Schiffahrt, Hotelgewerbe und Verkehrswesen hätte wieder Antrieb und Verdienst. Acht bis zehn Seebäderdampfer brachten in früheren Jahren bis zu 10000 Tagesgäste auf die Insel. Der Saisonbetrieb Helgolands mit all seinem Drum und Dran reichte bei vielseitiger Belebung bis in die feinsten Verästelungen der deutschen Wirtschaft und Industrie. Ein erheblicher Umsatz der Hafenplätze fiel auf den Verkehr mit der Insel, und das Reich hatte aus diesem ganzen Wirtschaftskomplex gewaltige Steuereinnahmen.

4. Stützpunkt der Wissenschaft

Der Zahn der Zeit hat durch Brandungsschlag und Erosion an dem roten Sandsteinfelsen seine Spuren hinterlassen und dadurch eine der seltsamsten geologischen Erscheinungen Europas geschaffen. Diese Insel mußte in ihrem abrupten Herausragen aus einer ebenen Sandfläche jedem Geologen zur Fundgrube werden, zumal die bei Niedrigwasser weit hinausführenden Klippen für den einstigen Umfang der Insel deutlich Zeugnis ablegen. Als Ablagerungserscheinung der Trias- und Kreidezeit hatte sich neben der Sandsteinschichtung ein größeres Felsmassiv aus Gips und Kreide befunden, das sogenannte Wittkliff, das sich nördlich der Düne hinzog. Die Einwohner hatten aus Erwerbsgründen diesen Gips im Laufe der Jahrhunderte abgetragen. Die Restteile waren 1713 der schweren Sturmflut zum Opfer gefallen. Versteinerungen, die in der Kreide eingeschlossen waren, bildeten später als Kieselsteingeröll den schmalen Südausläufer der Badedüne, auf dem man Donnerkeile und versteinerte Seeigel reichlich finden konnte.

In tiefer Symbolik ragt das gebrochene stählerne Skelett des Fahrstuhls über das einsame Trümmerfeld des Unterlandes. Der Wiederaufbau Helgolands steht 1951 jedoch schon unmittelbar bevor.

In den schräg liegenden, von West nach Ost sich neigenden Gesteinsschichten der Insel - durch langsames Heben des Salzstockes aus längst zugedeckten Formationen herausgestoßen, denn unter Helgoland ruht ein über 1000 m mächtiger Salzstock — fand man einen Amphibienschädel vorzeitlichen Ursprungs.

So seltsam dieser Felsen, so seltsam auch seine Anziehungskraft auf die Vogelwelt. Wenn sich im Herbst die Zugvögel Sibiriens und Nordeuropas auf den Weg machen, um sich mit ihren Artgenossen unserer Breiten zum Fluge südwärts zu vereinen, so nimmt ein Teil den Weg über den Balkan und die Türkei nach Afrika, während der größte Teil über Skandinavien und die Ostsee kommend, am Nordseeküstengebiet entlang über Südengland, Frankreich und Spanien bis ins Nilquellgebiet zieht. Helgoland liegt dabei mitten im Strom der gefiederten Wanderer, die in großer Höhe südwärts streben. Wenn aber schwere Wolkenmassen die Sterne verdecken und eine Orientierung verhindern, oder regengepeitschter Gegenwind dem Wanderzug Widerstand bietet, dann ist die Insel in Wolken von Vögeln gehüllt, die aus ihrer Höhe heruntergedrückt, von den drei riesigen Scheinwerferstrahlen des Leuchtturms angezogen werden, in deren Licht sie wie Hunderttausende von Sternen funkeln. Jedem Beschauer ist es ein unvergeßliches Erlebnis, wenn die Luft voller Vogelleiber hängt, deren Geschrei die Nacht erfüllt. Angezogen von dem blendenden Licht des Leuchtfeuers, prallten sie massenweise gegen das Schutzglas der Leuchtturmgalerie, wo sie betäubt niederfielen, um von der Wissenschaft in Obhut genommen zu werden, die sie am nächsten Tag wieder in Freiheit setzte. Rossitten und Helgoland waren die bedeutenden Vogelwarten Deutschlands. Tausend und abertausend Vögel wurden jährlich auf Helgoland beringt. Aus Europa und Afrika kamen diese Ringe nach Helgoland zurück, wertvolle Aufschlüsse gebend über Weg und Dauer des Vogelzuges. Mühsame Arbeit wurde hier geleistet, und es gibt keine Gattung der europäischen Ornithologie, die nicht auf Helgoland schon beobachtet und gefangen worden wäre. Die Balgsammlung des Helgoländer Museums war eine der berühmtesten ihrer Art. Vom sibirischen Eisvogel bis zum Riesenalk war hier alles vertreten, was je die Luft des Kontinents bevölkerte. Der Lummenfelsen mit seiner 60 Meter hohen Klippe ist der einzige Vogelberg und die einzige Alkbrutstätte Deutschlands. Helgoland war ein beliebter Beobachtungspunkt der maßgeblichen europäischen Ornithologen. Es nimmt nicht wunder, daß dabei die Helgoländer ausgezeichnete Vogelkenner und Jäger wurden. Helgoland muß wieder Vogelwarte und ornithologischer Stützpunkt werden.

Doch da ist noch das Meer mit seinen unzähligen Geheimnissen. Die Biologische Anstalt auf Helgoland zählte zu den bekanntesten Einrichtungen der Meeresforschung in ganz Europa. Studenten aller Nationen fanden sich hier ein und hatten Gelegenheit, die Fauna und Flora des Meeres zu studieren. Die Spezialisten der Zoologie und Botanik bekamen hier ihr Arbeitsmaterial. Von Helgolands Klippen stammte das meiste wissenschaftliche Material von Meerespflanzen und -tieren, das an den Universitäten und wissenschaftlichen Institutionen Deutschlands benötigt wurde. Viele Forscher, denen ein Studium an der Adria oder im Mittelmeer nicht möglich war, kamen auf Helgoland zum Ziel. Hier hatten auch die Forschungsboote ihren Stützpunkt, mitten im Wunderleben der Meereswelt. Was bergen allein die unterseeischen Tangwälder der Helgoländer Klippen für Geheimnisse! Im Aquarium der Insel, das Weltruf hatte, waren alle Tiere und Pflanzen der Nordsee zusammengetragen, zur Belehrung der Öffentlichkeit, für die Forschung der Wissenschaft. Eine besondere Spezialität der Helgoländer Anstalt war die Hummer- und Austernzucht, zwei außerordentlich interessante Gebiete.

Doch auch die Bedeutung Helgolands für die Meteorologie darf nicht unbeachtet bleiben. Gerade als Wetterbeobachtungsstation mit ihren exakten Jahresmessungen gab die Insel über vieles Aufschluß. Von ihr konnte man den Verlauf der Tiefs beobachten und somit das Wetter der Deutschen Bucht kurzfristig bestimmen. Rechtzeitige Sturmwarnung war für Schiff-

Am 1. März 1952 erfolgte die Freigabe Helgolands. An einer Feier-
stunde auf der Insel nahm auch
der schleswig-holsteinische Ministerpräsident Friedrich Wilhelm
Lübke (mit weißem Schal) teil.

fahrt und Fischerei stets von ausschlaggebender Bedeutung.
Die durchschnittlichen Jahrestemperaturen Helgolands mit
ihren enormen Abweichungen von den Festlandswarten gaben
schon erhebliche Aufschlüsse über Golfstromeinwirkung und
Klimagestaltung. Auch für die Zukunft wird Helgoland unent-
behrlich sein, gerade auf dem Gebiet der Strömungs- und
Gezeitenforschung sowie der Energienutzbarmachung des
Tidenhubs, ein Problem, das noch der Lösung harrt.

Die Spuren eines sinnlosen Krieges haben die Insel für immer
gezeichnet. Die Welt hofft, unter dem Zeichen der UNO einem
Zeitalter der Vernunft entgegenzugehen. Auf diese Vernunft
setzen die Helgoländer ihre Hoffnung, sie, denen mit so wenig
Mitteln und Anstrengungen die Heimat zurückgegeben werden
könnte! Sollte es aus rein menschlichen Erwägungen den
zuständigen Politikern nicht doch möglich sein, den 2000 Friesen ihre nun lange genug vergewaltigte Felseninsel zurückzugeben, auf der sie wieder Zuflucht und Heimat zu finden hoffen?
2000 Insulaner verlangen von der großen, reichen Welt nichts,
als ein freies, wenn auch bescheidenes Inselleben führen zu
können.

Soweit die Argumente und positiven Gesichtspunkte für die
Wiederbesiedelung der Insel. Aber was nützten sie, solange

noch Bomben ihren Leib zerpflückten. Zuerst mußte die Freigabe von den Engländern erreicht werden. August Kuchlenz erinnerte sich an seine Bekanntschaft mit einem Parlamentsabgeordneten, der Nordirland im Unterhaus vertrat und der Helgoland vor dem Kriege einmal besucht hatte. Es war Prof. Savory. Er hatte damals zu Kuchlenz gesagt: »We Islanders are a strange folk and have a lot in common.« Mit ihm begann eine lebhafte Korrespondenz, und er versprach, sich für die Freigabe Helgolands einzusetzen. Bald darauf ertönten im englischen Parlament Sätze wie: »It is a shame for the British Nation, that after Hitler's war is over, bombs of the R. A. F. are still tearing open the tombs of Islanders, who where once loyal citizens of the British Crown and whose children are now starving in exile.« Sein bewundernswerter Einsatz hatte Erfolg, und trotz Einspruchs der Navy und R. A. F. wurde im Winter 1951/52 die Freigabe der Insel zum Frühjahr 1952 vom Parlament beschlossen.

Als kurz vor der Freigabe eine deutsche Gruppe mit der Europaflagge die Insel besetzte, hatte das keinen Einfluß auf die Entscheidung der englischen Regierung. Ein Befehl des High Commissioners an die deutschen Dienststellen hätte zur sofortigen Räumung der Insel geführt.

Im März 1952 erfolgte die Freigabe und Rückführung an die englische Besatzungszone Deutschlands. Wieder hatte ein neues Kapitel der Leidensgeschichte der Inselbevölkerung begonnen.

Am 26. Februar 1951 teilte der Hohe Kommissar, Sir Ivone Kirkpatrick, Bundeskanzler Adenauer mit, »... daß die Regierung Seiner Majestät sofort bereit ist, anzukündigen, daß Helgoland freigegeben wird, sobald zufriedenstellende anderweitige Vorkehrungen abgeschlossen sind, auf jeden Fall aber bis zum 1. März 1952.« (Dokumente deutscher Kriegsschäden, S. 70).

Dankgottesdienst

am Sonntag, dem 2. März 1952

in der Kreuzkirche zu Hamburg-Altona

anläßlich der Freigabe der Insel

HELGOLAND

Die Predigt hält Herr Superintendent M. Stünkel.

Mitwirkende: Männerchor „Adolphina".

Literatur-Auswahl

Dokumente deutscher Kriegsschäden, Band IV/3, herausgegeben vom Bundesministerium des Inneren, Bonn 1971.

Fiedler, Walter, Helgoland, Breklum 1988[4].

Heikens, Hans Frank, Helgoland und die Helgoländer, herausgegeben von Adolf Stahr, Oldenburg 1844, Reprint Leer 1976.

Katalog-Ausstellung-Hamburg, Helgoland, 150 Jahre Nordseebad. Eine Ausstellung des Altonaer Museums in Hamburg, Norddeutsches Landesmuseum in der Galerie im Fels auf Helgoland, bearbeitet von Christine Knupp, Hamburg 1976.

Lüth, Erich, Helgoland – die unzerstörbare Insel, Hamburg 1979.

Meyer, Dirk u. a., Helgoland-Bibliographie, Helgoland 1987.

Packroß, James und Rickmers, Peter (Hg.), Helgoland ruft, Hamburg 1952.

Petersen, Lorenz, Zur Geschichte der Verfassung und Verwaltung auf Helgoland, in: Zeitschrift der Gesellschaft für Schleswig-Holsteinische Geschichte, Band 67 (1939), S. 29–190.

Rickmers, Henry Peter (Hg.), Helgoland, Hamburg 1980.

Siebs, Benno Eide und Wohlenberg, Erich, Helgoland und die Helgoländer, Kiel 1953.

Bildnachweis:

Gemeinde Helgoland: Seite 9, 11, 13, 14, 17, 18, 20, 23, 37, 46, 55, 71, 72, 75

Schleswig-Holsteinisches Landesmuseum Schloß Gottorf: Seite 25

Sammlung Paul Heinz Sahling, Helgoland: Seite 27, 29, 30, 35, 41, 44, 49, 50, 56, 61, 66, 73, 74, 87

Stiftung Nordseemuseum Helgoland: Seite 33, 70, 89, 93

Nissenhaus, Nordfriesisches Museum, Husum: Seite 38, 42, 47, 53, 58, 65, 68, 82, 86, 91, Titelfoto, Vor- und Nachsatz

Verlag Maren Knauß, Helgoland: Seite 39, 95